LE PETIT RÉPERTOIRE DES EXCUSES

Couverture
- Conception graphique:
  KATHERINE SAPON
- Illustration:
  GÉRARD JOLY

Maquette intérieure
- Conception graphique:
  JEAN-GUY FOURNIER
- Dessins:
  GÉRARD JOLY

Équipe de révision
Daniel Ariey-Jouglard, Jean Bernier, Monique Herbeuval,
Patricia Juste, Jean-Pierre Leroux, Odette Lord,
Linda Nantel, Paule Noyart, Jacqueline Vandycke

DISTRIBUTEURS EXCLUSIFS:

- Pour le Canada:
  AGENCE DE DISTRIBUTION POPULAIRE INC.*
  955, rue Amherst, Montréal H2L 3K4 (tél.: 514-523-1182)
  *Filiale de Sogides Ltée

- Pour la France et l'Afrique:
  INTER-FORUM
  13, rue de la Glacière, 75013 Paris (tél.: (1) 43-37-11-80)

- Pour la Belgique et autres pays:
  S. A. VANDER
  Avenue des Volontaires, 321, 1150 Bruxelles (tél.: (32-2) 762.98.04)

CHRISTINE CHARBONNEAU
NELSON CARON

LE PETIT
RÉPERTOIRE
DES EXCUSES

 le jour,
éditeur

Données de catalogage avant publication (Canada)

Charbonneau, Christine, 1943-

   Le petit répertoire des excuses

   2-7619-0585-7

   1. Esprit et humour canadiens-français - Québec (Province).   I. Caron, Nelson.   II. Titre.

PN6231.E87C43 1986   C847'.54   C86-096138-9

Bibliothèque nationale du Québec
Dépôt légal — 2ᵉ trimestre 1986

ISBN 2-89044-365-5

Table des matières

Chapitre VIII

Introduction

"Yahvé Dieu appela l'homme et lui dit: "Où es-tu?" "J'ai entendu ton pas dans le jardin, répondit l'homme, j'ai eu peur parce que je suis nu et je me suis caché." Il reprit: "Et qui t'a appris que tu étais nu? Tu as donc mangé le fruit que je t'avais défendu de manger!" L'homme répondit: "C'est la femme que tu as mise auprès de moi qui m'a donné du fruit de l'arbre, et j'ai mangé!" (Genèse, III, 9-11.)

Comme on peut le constater, les excuses semblent aussi vieilles que le monde. Elles découlent généralement du rapport de force qui existe entre deux individus, le plus faible devant s'excuser auprès du plus fort.

Mais même un pape devra, à l'occasion, s'excuser. La preuve en est que Sa Sainteté le pape Jean-Paul II, en 1984, s'excusa de ne pouvoir rendre visite aux Amérindiens de Fort-Simpson car, disait-il, le brouillard, ce matin-là, rendait l'atterrissage trop hasardeux.

Seuls les individus parfaits ou complètement libres ne s'excusent jamais. Et en écrivant ces lignes, nous pensons tout naturellement aux enfants. En effet, ils font les pires gaffes, causent les dégâts les plus dégoûtants, provoquent les bris les plus irréparables, mais continuent de se livrer à leurs activités avec la même désinvolture, sans même songer un seul instant à s'excuser.

Somme toute, celui qui s'excuse se reconnaît fautif ou faible. Ou bien encore, il manque simplement de la franchise nécessaire pour établir fermement son point de vue, en en acceptant toutes les conséquences.

Parlons d'honnêteté et de contre-vérités. Le mensonge est, dans le monde, monnaie courante. Les excuses procèdent souvent de celui-ci. C'est sans doute pour cette raison qu'elles font rire, ou sourire, et qu'on s'amuse à les citer, chacun y reconnaissant sa propre rouerie.

Pour faciliter l'usage de ce répertoire, nous avons numéroté les excuses. Ainsi devient-il possible d'éviter la citation intégrale pour ne retenir que le numéro correspondant. Par exemple: Vous êtes en retard au travail; vous vous présentez devant votre patron. Il vous dit d'un ton bourru: "Vous êtes en retard, mon cher Watson!" Vous lui répondez: "Je vous présente l'excuse 268." Et lui vous rétorque: "Vous me l'avez déjà servie deux fois ce mois-ci. Essayez donc plutôt la 271, j'ai un petit faible pour elle..."

En conclusion, excusez-vous abondamment et offrez ce livre à vos amis, à votre patron, à votre conjoint ainsi qu'à vos enfants, afin que tous s'amusent avec vous de vos pieux petits mensonges.

"Décidément, je ne suis pas d'humeur à acheter aujourd'hui."

Pour ne pas acheter... au téléphone

Vous êtes confortablement assise devant votre téléviseur, en train d'écouter votre émission préférée. Soudain, le téléphone sonne. Vous vous levez, un peu contrariée mais tout de même curieuse de savoir qui peut bien vous appeler. Vous répondez. Mais quelle n'est pas votre déception de vous entendre demander par une voix étrangère: "Est-ce que vous êtes la dame de la maison?" D'instinct, vous répondez que oui, mais sachant bien qu'on s'apprête à tenter de vous vendre quelque chose, vous vous préparez déjà à trouver une bonne raison pour ne pas céder à la sollicitation.

Lisez bien cette section, ainsi serez-vous prête à décourager même le vendeur le plus insistant.

* * *

1. *"Mon taxi m'attend, je n'ai pas le temps de vous parler." (Vous raccrochez et vous ne répondez pas au téléphone pendant une bonne heure, si vous en êtes capable!)*

2. *"J'ai déjà ce produit." (Avec cette excuse, vous n'êtes toutefois pas à l'abri de la contre-attaque avec le produit nouveau et amélioré, deux fois meilleur que celui que vous prétendez déjà posséder.)*

3. *"Je ne sais pas lire."* (*À utiliser dans le cas d'un abonnement à un périodique. Cette excuse produira l'effet d'une douche froide et amènera presque sûrement le vendeur à s'excuser lui-même.*)

4. *"Je suis aveugle."* (*À utiliser également dans le cas d'un abonnement à un périodique. Vous plongerez le vendeur dans la plus grande consternation et il devrait raccrocher rapidement.*)

5. *"Excusez-moi, ça sonne à la porte."* (*Il faut combattre le téléphone par la porte!*)

6. *"J'ai quelque chose sur le feu."*

7. *"Je suis en train de me faire couler un bain, et j'ai peur qu'il déborde."*

8. *"Je ne suis pas intéressée."* (*La réplique est courante, mais dite sur un ton cassant, elle demeure l'une des plus efficaces.*)

9. *"Excusez-moi; mon enfant vient de se blesser."*

10. *"Je n'ai pas les moyens en ce moment."* (*Les vendeurs par téléphone parcourent généralement une liste de numéros; il est donc peu probable que le même vendeur vous rappelle à un autre moment.*)

11. *"C'est mon mari qui prend ces décisions, et il est absent dans le moment."* (*Même une féministe consommée peut parfois s'abriter derrière son mari!*)

12. *"J'ai envisagé l'achat de votre produit, mais après mûre réflexion, j'ai conclu que je n'en avais pas besoin."* (*Que rétorquer à quelqu'un qui a mûrement réfléchi?*)

13. *"Rappelez-moi dans deux mois."* (*Avec de bons clients comme vous, il y a fort à parier que le vendeur aura quitté son emploi bien avant l'expiration des deux mois!*)

14. *"J'aimerais vous encourager, mais je suis en chômage actuellement."* *(Vu le taux élevé de chômage qui sévit aujourd'hui, votre parole ne sera sûrement pas mise en doute.)*

15. *"Je ne veux rien savoir."* *(Bête mais vrai!)*

Pour ne pas acheter... à la porte

On frappe à votre porte. Vous ouvrez. Grossière erreur! Cependant, tout n'est pas encore perdu. Avec de la fermeté, de la détermination et l'une des excuses ci-dessous, il est toujours possible de repousser l'envahisseur.

* * *

16. *"Vous tombez mal, j'allais justement sortir."* *(Bien entendu, si vous êtes encore en robe de chambre, vous feriez mieux d'utiliser l'excuse suivante.)*

17. *"Je n'ai pas le temps, j'ai quelqu'un sur la ligne."* *(Il faut combattre la porte par le téléphone!)*

18. *"Mon mari connaît quelqu'un qui peut me l'obtenir au prix de gros."*

19. *"J'en ai commandé un semblable par la poste, et je devrais le recevoir ces jours-ci."* *(Il faut combattre la porte par la poste!)*

20. *"J'ai quelque chose sur le feu, je dois y voir."* *(Il est très improbable qu'un vendeur pousse l'audace jusqu'à s'inviter à dîner!)*

21. *"J'en ai déjà et je suis très satisfaite."* *(Il se peut quand même qu'un vendeur coriace vous dise qu'il est toujours préférable d'en avoir deux...)*

22. *"Vous tombez mal, mon mari est justement parti en acheter un."*

23. *"Je n'achète jamais rien à la porte."*

24. *"Je n'habite pas ici, je ne fais qu'y passer mes vacances."* *(Vous vous imaginez rapporter un aspirateur comme souvenir de vacances!...)*

25. *"Je suis la femme de ménage."* *(Vous n'aurez pas tout à fait menti, même si vous êtes chez vous...)*

26. *"Je n'achète jamais rien sans en parler à mon conjoint."* *(Pour un ménage uni pour le meilleur mais sans le pire!)*

27. *"Je n'ai pas les moyens, je suis en faillite et je n'ai pas le droit d'acheter à crédit."* *(Excuse radicale qui, pour un objet de valeur, élimine automatiquement la contre-attaque du plan de financement.)*

28. *"Mon mari est un boxeur, il est jaloux, et je l'attends d'une minute à l'autre."* *(Avez-vous déjà vu un vendeur courir?)*

29. *"Ma fillette a les oreillons; entrez si vous le voulez, mais à vos risques et périls."* *(Le danger est vraiment trop grand pour un vendeur dans la force de l'âge.)*

30. *"Vous tombez très mal, j'attends les déménageurs."*

31. *"Je travaille de nuit, je n'ai pas la tête à me faire vendre quelque chose."* *(Dite avec un ton à l'avenant, cette excuse ne donnera pas envie de poursuivre le dialogue.)*

Pour ne pas acheter... dans un magasin

Quoi de plus agréable que de se promener d'une boutique à l'autre, d'un rayon à l'autre, en essayant ici une petite robe, là un appareil électronique, sans avoir le moins du monde l'intention d'acheter.

Le vendeur empressé vous a fait essayer gentiment une trentaine de paires de souliers, mais tout compte fait, c'est cette autre paire dans la vitrine que vous voulez voir de plus près. Puis, dans un amoncellement de chaussures et de boîtes de carton, vous quittez les lieux un peu confuse, après lui avoir servi une bonne excuse. Il n'y a pas que les femmes qui font du lèche-vitrines par immersion, les hommes s'y adonnent aussi, accordant leur faveur aux appareils électroniques, aux crosses de golf, aux cannes à pêche et j'en passe. Les marchands connaissent bien ce genre d'acheteurs; ils ne s'offusquent pas de leur attitude, du moins en apparence, et sont rarement dupes de leurs excuses; mais que cela ne nous empêche pas de nous excuser, c'est tellement plus sympathique...

* * *

32. *"Finalement, je crois que je vais attendre." (Quelle déception si le vendeur est un débutant travaillant à la commission!)*

33. *"Je vais revenir avec mon mari." (C'est une classique dans son genre.)*

34. *"J'ai d'autres achats à faire; je reviendrai s'il me reste assez d'argent." (Le vendeur, ici, ne se fait pas d'illusions, surtout s'il a de l'expérience. Il sait que sa vente est cuite. Il ne lui reste plus qu'à être poli et à remballer le tout.)*

35. *"Je l'aurais vraiment préféré dans les tons de brun." (Comme par hasard, c'est la seule couleur manquante... Quelle perspicacité!)*

36. *"Ça me plaît bien, mais ça ne s'accorde pas avec ma garde-robe."*

37. *"Ce n'est pas tout à fait ce que je cherchais." (Avec cette excuse, le vendeur risque de vous demander ce que vous voulez*

exactement; il s'agit de penser vite et d'être bien sûre qu'il ne l'a pas en stock.)

38. *"Finalement, ça ne me plaît pas; ça avait une tout autre allure dans votre annonce à la télé."*

39. *"Décidément, je ne suis pas d'humeur à acheter aujourd'hui." (Si l'excuse est dite par une jolie jeune femme un peu capricieuse, ce peut être tout de même assez charmant.)*

40. *"Je l'ai vu moins cher ailleurs." (Attention! On risque de vous offrir le produit au même bas prix, étant donné qu'il sera en solde prochainement. Et là, vous êtes fait!)*

41. *"Je n'ai pas le temps de l'essayer, je reviendrai."*

42. *"Je dois consulter ma femme pour un achat de cette importance." (Les hommes sont quelquefois prêts à descendre bien bas pour se débarrasser d'un vendeur trop insistant.)*

43. *"Je dois passer à la banque, car je n'ai pas suffisamment d'argent sur moi." (Si cette excuse est utilisée dans un grand magasin, on va vous proposer de vous ouvrir un compte ou de payer par chèque ou avec vos cartes de crédit. Tenez bon!)*

44. *"Non! Réflexion faite, je ne crois pas en avoir besoin pour l'instant."*

45. *"Je vais attendre les nouveaux modèles avant de me décider." (Vous pouvez être sûre que le vendeur va vous dire que les nouveaux modèles seront plus chers. À vous de lui répondre que s'ils sont plus chers, ils seront sans doute meilleurs...)*

46. *"Je n'ai plus le temps, je vais être en retard à mon travail." (Vous jetez de fréquents coups d'oeil à votre montre et vous vous sauvez en courant, en évitant de perdre vos souliers, comme une certaine Cendrillon!)*

Pour ne pas acheter... dans la rue

Dans la rue, il y a des gens qui vendent toutes sortes de choses. Quelquefois, une auto ralentit, le chauffeur vous accoste et exhibe toute une panoplie de montres achetées, dit-il, d'un stock de faillite.

On peut aussi vous proposer de l'artisanat, des journaux, de la crème glacée, des billets de spectacle et, selon les quartiers, des substances encore illégales qu'on vous "pousse" à mots couverts. Il arrive aussi que certaines personnes vous proposent leurs charmes contre rémunération.

Ailleurs, c'est un commerçant qui étire sa boutique jusque sur le trottoir et vous dit avec un accent exotique: "Regarde, madame, une belle petite blouse, dix dollars, pas cher, juste pour toi."

Bref, on a quelquefois besoin de prendre congé de ces négociants de fortune, sans toutefois blesser leur amour-propre. Ici comme ailleurs une bonne excuse s'impose. Politesse oblige!

*   *   *

47. *"Ça ne m'intéresse pas." (La vérité, toute la vérité et rien que la vérité. Il y a des jours comme ça où l'on n'est pas d'humeur à faire preuve d'un grand raffinement dans la formulation de ses excuses. Toutefois, un esprit éveillé trouvera beaucoup plus de satisfaction à concocter une excuse plus subtile. C'est là une simple question de standing.)*

48. *"J'en ai déjà." (Ici, il est possible que le vendeur vous propose d'en posséder deux. Voilà pourquoi il est sage d'avoir une excuse complémentaire et d'être prêt à faire feu.)*

49. *"Je n'ai pas d'argent sur moi." (Très efficace. Après tout, si vous n'avez pas d'argent, vous n'êtes pas un pigeon intéressant. Toutefois, si vous êtes une jolie femme, il se peut,*

dans notre monde corrompu, que le vendeur vous offre tout de même ses produits si vous êtes "gentille". Il y a des vendeurs bien singuliers!...)

50. "Je n'ai pas le temps, je suis pressé."

51. "Je n'achète jamais rien dans la rue, c'est un principe chez moi." (Le vendeur déterminé peut vous inviter à négocier dans un restaurant.)

52. "Je peux l'obtenir au prix de gros."

53. "Qui me dit que ce ne sont pas des objets volés?" (Bonne réplique. Si le vendeur insiste, répétez bêtement votre objection jusqu'à ce qu'il s'épuise. Vous avez le bon bout du bâton; tenez bon!)

54. "J'en vends moi aussi." (Il se peut que le vendeur vous réponde: "Ah oui, où est-ce que tu les voles, toi?" Et là, vous avez l'air fin!)

55. "J'ai assez dépensé ce mois-ci."

56. "J'achète seulement avec mes cartes de crédit, je n'ai jamais d'argent sur moi." (C'est bien connu, plus on a d'argent, moins on en a sur soi!)

57. "Je passe à la banque et je reviens." (Remarquez que vous ne dites pas quand vous revenez.)

58. "Je viens de perdre mon épouse, je ne suis pas d'humeur à acheter." (C'est cynique, mais très efficace.)

59. "I am sorry, I don't speak French." (Ne le dites toutefois pas avec un accent français, car le vendeur pourrait vous répondre avec un accent anglais: "Et moi, je ne parle pas l'anglais." Et vous, vous auriez l'air fou.)

Pour avoir acheté quelque chose

Quel plaisir que de se laisser tenter par un achat imprévu. Nous avons tous, un jour ou l'autre, été victimes de ce magnifique objet aperçu dans une vitrine. L'impulsion, en pareil cas, est irrésistible et nous nous laissons aller à la dépense. Sur le chemin du retour, l'euphorie passée, nous nous rendons compte que l'achat était peut-être prématuré et que notre budget risque d'en souffrir.

Le pire, c'est de devoir justifier à notre partenaire cette nouvelle acquisition. Sans doute un dîner-causerie va-t-il s'ensuivre. C'est pourquoi il est nécessaire d'avoir de bonnes excuses.

* * *

60. *"C'était une vraie bonne aubaine, alors, j'en ai profité."* (À force d'économiser de cette façon, on peut rapidement se ruiner... Quand on a accumulé suffisamment d'aubaines de toute sorte et qu'on est au bord de la ruine, on peut toujours faire une vente de garage pour se renflouer un peu!)

61. *"Ça faisait longtemps que ça me tentait."* (Excuse recommandée pour de petites choses peu coûteuses.)

62. *"J'ai décidé de me gâter, pour une fois."* (Rien de meilleur que l'autogratification; et puis, comme le dit la publicité qui ne peut ni se tromper ni vous tromper, vous le méritez bien.)

63. *"Si tu me l'avais offert, je n'aurais pas eu à me l'acheter."* (Argument massue qui déplace la culpabilité et en charge l'autre. De cette façon, le sujet sera rapidement clos...)

64. *"Il n'y a que nous, dans la famille, qui n'en avions pas."* (Et la famille, c'est bien connu, quelle référence de choix!)

65. *"Avec le temps, ça va se payer tout seul."* (*Le temps fait si bien les choses!*)

66. *"C'était exactement ce que je cherchais."* (*Comme quoi, qui cherche trouve.*)

67. *"Après tout, c'est de l'argent que j'ai gagné moi-même."* (*Soyez tout de même circonspect, car selon le caractère de la personne à qui on sert pareille excuse, la situation pourrait vite dégénérer en querelle de ménage et en partage des intérêts financiers!*)

68. *"Si l'on n'avait pas dépensé l'argent à cette fin, on l'aurait dépensé autrement."* (*Logique! Car tout le monde sait que, quelque somme d'argent qu'on ait, on finit toujours par tout dépenser...*)

69. *"Il faut bien vivre, avant de mourir."* (*Bien sûr, si c'est une question de vie ou de mort, qui va oser trouver à redire?*)

70. *"J'en rêvais depuis que j'étais enfant."* (*Ici, faites ressortir les complexes freudiens engendrés par ce manque; dites combien vous vous sentez plus épanoui depuis que vous avez enfin réalisé ce rêve, même s'il ne s'agit que d'une toute petite Cadillac!*)

71. *"Même si cet achat n'était pas prévu, il sera quand même très utile."* (*Faites ressortir qu'un peu d'imprévu met tellement de piquant dans la vie...*)

72. *"C'est un bon investissement, ça prendra sûrement de la valeur avec le temps."* (*C'est bien connu qu'en conservant à peu près n'importe quoi au moins cent ans, ça devient immanquablement une antiquité, et les antiquités, ça n'a pas de prix!*)

73. *"Je l'ai mis sur ma carte de crédit."* (*Comme si, avec le crédit, on n'avait pas besoin de payer...*)

74. *"Mon psychiatre me recommande d'éviter toute frustration pendant un certain temps..."* (*Monsieur, si c'est votre femme*

qui vous sort cette excuse, préparez-vous à en payer la facture. Et ça risque de vous coûter très cher! Ne lui conseillez surtout pas de changer de psychiatre, ça pourrait devenir catastrophique!)

75. "J'en avais besoin." (Quand c'est la nécessité qui commande, il n'y a plus qu'à s'incliner.)

76. "L'argent, c'est fait pour être dépensé! Il faut bien faire marcher le commerce." (Ici, vous faites preuve de vos dons d'analyste économique, et, par surcroît, vous vous montrez un citoyen conscient de son rôle d'agent économique dans la société. Arrêtez, n'en rajoutez plus. On risque de vous décorer de la Légion d'honneur... Vive la France!)

"J'ai mes pauvres à qui je donne déjà beaucoup."

Pour augmenter ses prix

Dans le commerce, le client a toujours raison. Cette maxime est une règle d'or de la réussite en affaires. Cependant, les temps étant ce qu'ils sont, un commerçant doit inévitablement procéder à une révision à la hausse de ses prix, de temps à autre. C'est à ces moments-là que, face à un client qui possède une bonne mémoire des prix et qui n'hésite pas à le démontrer à chaque nouvelle augmentation, le commerçant doit faire preuve de tact et parfois même d'une certaine imagination. Les excuses qui suivent sont destinées à lui faciliter la tâche.

* * *

77. *"Il y a eu une tempête en Floride, et tous mes légumes en proviennent."*

78. *"Il faut bien suivre l'inflation."* (*Les consommateurs savent bien que les prix sont plus souvent à la hausse qu'à la baisse; ils savent aussi qu'un prix monte facilement, mais que le faire redescendre semble très douloureux.*)

79. *"Je dois faire des profits, si je veux demeurer en affaires et vous offrir de bons prix."* (*Voilà bien un sophisme poussé à son extrême.*)

80. *"Mes frais ont augmenté."*

81. *"Je suis quand même un peu moins cher que mon voisin."*
(Allez y voir... Comme si vous n'aviez que ça à faire, que de vérifier tous les prix de son inventaire!)

82. *"Je suis obligé d'augmenter mes prix, car je perds de l'argent sur le crédit que je consens." (Entendez bien la leçon, faites comme les autres, achetez à crédit et ne payez pas!)*

83. *"J'ai augmenté mes effectifs pour vous donner un meilleur service."*

84. *"Les taux d'intérêt ont augmenté."*

Pour refuser de donner de l'argent

Si vous avez déjà été en difficultés financières et que vous vous êtes tourné vers votre famille et vos amis pour obtenir leur aide, vous n'avez rien à apprendre de cette section. En fait, vous auriez très bien pu l'écrire vous-même. Elle vous rappellera tout de même de "bons" souvenirs.

Par contre, si vous êtes une personne bien organisée, économe, rangée, modèle, travailleuse, sobre, prudente et prévoyante, vous désirez sans doute protéger votre capital — si chèrement acquis! — contre les assauts de ceux qui font appel à votre bon coeur et à votre générosité. C'est dans le but de vous aider à résister efficacement à toutes les formes de mendicité que nous avons rédigé cette section.

* * *

85. *"J'ai déjà donné à quelqu'un d'autre pour la même oeuvre."*
(Excuse presque impossible à vérifier, donc, excellente...)

86. *"Tous mes dons de charité sont retenus à la source sur mes chèques de paie." (Si vous êtes un pauvre qui, par-dessus le marché, ne sait pas s'organiser, vous n'avez aucune chance contre les puissantes organisations du genre La Fondation du cor au pied, l'Unifesse, La Fédération des oeuvres de chasteté, L'Aide aux pays en voie de sous-développement, Oxdrame, La Croix jaune, Les Anciens Conquérants, etc., qui se sont dotés d'un système de perception bien huilé.)*

87. *"J'ai mes pauvres à qui je donne déjà beaucoup." (Il faut combattre le pauvre par le pauvre!)*

88. *"Je préfère donner de mon temps; ça a beaucoup plus de valeur." (Quelle abnégation, quelle grandeur d'âme!)*

89. *"Je t'en ai déjà donné, et tu as tout dépensé, Dieu sait où." (Encore qu'on ne puisse pas vivre dix ans avec dix dollars!)*

90. *"Je ne crois pas que ce soit un service à vous rendre, car, avec le temps, la débrouillardise est bien plus précieuse." (Rajoutez aussi l'histoire du gars à qui, plutôt que de donner un poisson, on apprend à pêcher. De cette façon, vous ferez preuve de grandeur d'âme, et ça ne vous aura coûté qu'un peu de salive.)*

91. *"Tout mon argent est investi à long terme, et je n'ai que de quoi vivre très modestement." (N'en dites pas plus, car on pourrait finir par vous prendre en pitié.)*

92. *"J'ai fait de mauvais placements, et moi aussi j'aurais besoin d'aide ces temps-ci."*

93. *"Qui me dit que vous n'irez pas vous acheter de l'alcool ou de la drogue avec cet argent? Non, je n'encourage pas la débauche." (Soyez puritain, moralisateur, fasciste, même; c'est pour une bonne cause, celle de votre portefeuille!)*

94. *"L'argent, il faut le gagner pour en apprécier la valeur." (Cette excuse est valable, surtout, pour celui qui se plaint* *souvent qu'il travaille fort, ce gros travailleur à qui la vie ne fait jamais de cadeau.)*

95. *"C'est mon comptable qui administre mon argent; appelez-le et arrangez-vous avec lui." (Si vous avez gagné à la loterie, vous aurez besoin de cette excuse et d'un bon chien de garde pour vos finances, car vous aurez à résister à une meute d'amis et de parents, tous prêts à vous alléger de quelques petits millions.)*

96. *"Je regrette, je n'ai pas d'argent sur moi." (Très pratique pour la quête dans la rue.)*

97. *"Je ne veux pas t'humilier; je préfère t'offrir un petit travail contre rémunération." (Profitez-en, faites d'une pierre deux coups. Soyez généreux, et pratique! En lui refilant votre sale boulot: lavage de vitre, tonte de la pelouse, nettoyage de la cave, installation de l'air climatisé, remisage des accessoires de jardin, promenade du chien, etc.)*

98. *"Je viens de divorcer, je dois me remeubler à neuf."*

99. *"J'aimerais bien t'aider, mais je viens de faire faillite."*

100. *"Je n'ai que des chèques de voyage." (À servir uniquement à quelqu'un qui n'est pas très versé dans les usages commerciaux, un enfant, par exemple.)*

101. *"Je suis sur l'aide sociale et je tire le diable par la queue." (Un vieux dicton dit qu'il ne faut pas donner à plus riche que soi. Et là, vous êtes bien placé... si l'on peut dire...)*

102. *"Non, car l'argent qu'on donne ne se rend pas à destination. Il passe dans l'administration ou bien sert à engraisser les soldats ennemis qui terrorisent les populations qu'on est censé aider." (Grâce à cette excuse, vous allez paraître un citoyen bien renseigné qui, par philanthropie, s'abstient de cautionner ce qui ne mérite pas de l'être.)*

Pour refuser de prêter de l'argent

Les gens bien nantis, et même ceux qui ont peu, ont l'habitude de se tenir à l'écart de ceux qui n'ont pas. Ils se confinent généralement dans des endroits difficilement accessibles aux gens susceptibles de leur emprunter de l'argent; par exemple, les clubs privés, les plages privées, les quartiers résidentiels, les hôtels trois étoiles, le transport première classe, etc.

Il demeure, malgré tout, impossible de se protéger à 100 pour 100 de ces emprunteurs chroniques qui risquent, à tous moments, de vous taper un vingt ou un cinquante, comme si vous étiez une compagnie de finance.

Même si l'emprunteur est de bonne foi, il vous faudra user de tact, de persévérance et... de nombreuses sollicitations afin de récupérer votre argent. Sachez aussi qu'à revenir trop souvent à la charge, vous vous ferez taxer d'avarice, et l'on vous demandera cyniquement si vous n'avez que cela pour vivre. La situation, de gênante, devient humiliante.

De plus, à peine vous serez-vous prêté une fois à ce petit manège, que votre emprunteur reviendra à la charge de plus en plus souvent, puisque vous vous serez montré bonne pâte. Mieux vaut donc prévenir que guérir, aussi avons-nous répertorié quelques excuses très pratiques.

* * *

103. *"C'est contre mes principes." (Et, des principes, quand on a la chance d'en avoir, on y tient. Soyez ferme!)*

104. *"Je préfère donner que prêter." (À moins d'avoir affaire à quelqu'un de trop fier pour accepter un don, vous allez devoir recourir aux excuses de la section précédente.*

105. *"Je ne peux pas, tout mon argent est investi."* À défaut de paraître compréhensif, vous aurez au moins l'air de quelqu'un qui s'y connaît en affaires.)

106. *"J'ai déjà prêté, et l'on ne m'a pas remboursé."* (Votre éventuel débiteur vous répétera inlassablement qu'il a toujours remboursé ses créanciers, mais qu'actuellement, il se trouve dans une gêne passagère. En désespoir de cause, dites-lui que vous êtes comme les banques, que vous prêtez uniquement à qui n'en a pas besoin!)

107. *"Je ne prête pas à la famille, car je veux garder de bons rapports avec tous."* (Et, là-dessus, expliquez qu'il existe des organismes beaucoup mieux structurés que vous, qui ont pour office de prêter de l'argent; puis donnez le nom de votre gérant de banque. Tout cela devrait vous permettre de sortir de cette situation délicate, en vous faisant paraître courtois et combien serviable...)

108. *"Je ne peux pas, j'ai moi-même des dettes."*

109. *"Tu tombes mal, j'allais justement t'en emprunter."* (Vous éloignerez généralement l'emprunteur pour longtemps, car il vous classera aussitôt comme emprunteur potentiel.)

110. *"Tout mon salaire est dépensé à l'avance, jusqu'au dernier sou."* (Excuse recommandée au petit travailleur ayant une grosse famille.)

111. *"Je t'en ai déjà prêté et tu a mis un temps fou à me rembourser."* (On oublie plus facilement la perte d'un être cher que celle de son argent! Expliquez que vous avez eu peur de ne jamais ravoir votre dû et que vous ne voudriez, en aucun cas, revivre cet affreux tourment.)

112. *"Je veux bien vous prêter. Allez voir mon comptable, et si vous avez de bonnes garanties, ce sera au taux bancaire courant."* (Avec cette excuse, vous déconcerterez même le plus entreprenant des emprunteurs.)

113. *"Oh! Comme c'est dommage; si tu me l'avais demandé hier j'aurais pu, mais aujourd'hui, j'ai absolument besoin de tout mon argent liquide."*

114. *"Je ne prête jamais à mes amis, car c'est la façon la plus sûre de les perdre." (Excuse amicale et économique. Si cette excuse devait vous amener à perdre tout de même votre ami, dites-vous qu'il vaut mieux perdre un ami que perdre à la fois un ami et son argent!)*

115. *"Ce ne serait pas un service à te rendre que de te permettre de t'endetter." (Quel esprit de service!...)*

Pour ne pas rembourser un prêt

Qui paie ses dettes s'enrichit. Tout le monde le reconnaît. Cependant, il n'est pas toujours possible de rembourser un prêt au moment prévu. À tout moment peuvent se produire des événements indépendants de notre volonté qui nous empêchent de le faire. Après tout, le seul fait d'emprunter est une indication de la précarité de notre situation financière. C'est là une cruauté du sort: Plus il nous est impératif d'emprunter, plus il nous est difficile de rembourser.

C'est dans le but de vous aider à faire patienter vos créanciers que nous avons rédigé cette section.

* * *

116. *"J'attends une rentrée d'argent qui tarde." (Votre créancier devrait vous comprendre, puisqu'il est dans le même cas!)*

117. *"J'ai dû faire réparer mon auto." (Afin de ménager la patience de votre créancier, pensez toujours à invoquer la dépense la plus nécessaire possible.)*

118. *"J'ai perdu mon chèque de paie."* *(Excuse dramatique.)*

119. *"J'ai perdu mon emploi."* *(Excuse superdramatique de nature à faire désespérer votre créancier, étant donné la rareté des emplois à l'heure actuelle.)*

120. *"Je devais emprunter pour te rembourser, mais on m'a refusé mon prêt."* *(Excuse très dangereuse pour la pression sanguine d'un créancier.)*

121. *"Tu m'as trop harcelé, j'ai décidé de te faire attendre encore un peu."* *(Votre créancier réalisera sûrement d'appréciables économies de laxatif, mais il ne vous en sera pas reconnaissant; c'est ainsi, les créanciers sont plutôt ingrats de nature!)*

122. *"Non, je ne te rembourse pas, afin de t'enseigner définitivement qu'il ne faut jamais prêter."* *(Méthode d'éducation cruelle mais sûrement très efficace.)*

123. *"J'ai fait faillite et je n'ai pas le droit de te favoriser au détriment de mes autres créanciers."* *(Qui a dit que qui paie ses dettes s'enrichit!)*

"On n'a pas de place pour ça à la maison."

Parce que les enfants ne sont pas propres

Si vous avez des enfants, vous connaissez sûrement cette situation. C'est dimanche et, fait exceptionnel, vous faites la grasse matinée. Vos enfants en profitent pour s'habiller seuls en fouillant dans le panier à linge sale. Sans bruit. Ils partent jouer dehors, accoutrés comme des clochards, avec les traces encore fraîches de leur petit déjeuner préféré pour décoration.

On sonne à la porte. Des amis vous rendent visite à l'improviste. Après l'échange habituel de politesses, vous leur offrez le café, quand soudain vos enfants apparaissent en criant: "J'ai faim!" Ils sont dans un état lamentable: pantalons déchirés au genoux, chemise sortie des pantalons, soulier manquant, chaussettes de couleurs différentes, ourlet de la robe décousu, sans parler de la boue sur le visage et sur les mains, le chocolat delayé avec l'écoulement nasal qui fait des stalactites dans les cheveux, et une bonne livraison de pipi pour arroser le tout. Quel choc!

Tout le monde sait que les enfants sont de petits êtres ingouvernables et tout à fait insouciants quant à leur apparence; malgré tout, nous sentons le besoin de nous en excuser, car nous redoutons plus que tout de passer pour de mauvais parents qui négligent systématiquement leurs enfants. Bien sûr, le scénario est caricatural; mais qui d'entre vous niera que les situations quotidiennes ne manquent pas où vos bambins risquent, malgré vos efforts, de vous faire honte! Alors, si vous avez des enfants, vous aurez besoin d'excuses pour ces moments d'outrage.

124. *"Me croirez-vous? Ils étaient tout à fait propres, il y a à peine une heure." (Oui, on va vous croire. Mais dites-le tout de même, ça fait tellement de bien!)*

125. *"Je ne sais pas comment ils se débrouillent, mais je dois les changer au moins trois fois par jour."*

126. *"Quand ils jouent avec tel petit voisin, il les entraîne dans des jeux très salissants." (Blâmez le petit voisin, mais dites-vous que ses parents blâment sûrement vos enfants!)*

127. *"Je préfère qu'ils soient sales, mais en bonne santé." (Depuis toujours on dit qu'il est bon pour un enfant de manger de la terre. Continuez de faire courir le bruit, c'est tellement déculpabilisant...)*

128. *"J'ai lu dans un livre de puériculture qu'il est préférable pour un enfant de découvrir la saleté avant la propreté."*

129. *"On ne peut quand même pas les empêcher de bouger." (Hélas...)*

130. *"Avant de les laver, j'attends que ça en vaille la peine."*

131. *"Qu'est-ce que ça donne de les habiller proprement, c'est toujours à recommencer." (Excuse pour une mère au bord du désespoir.)*

132. *"Tous les enfants sont comme ça, nous étions sûrement pareils à leur âge." (Bonne excuse, car elle invite vos visiteurs à faire un examen de conscience. S'ils sont honnêtes, ils vont certainement être d'accord avec vous.)*

133. *"C'est un signe d'intelligence." (Si cette remarque est fondée, nous sommes entourés de génies!)*

134. *"Aussitôt qu'on a le dos tourné, ils en profitent pour faire des bêtises."*

135. *"Habituellement, ils sont très propres, ce doit être une nouvelle phase de leur développement."*

136. *"Ils n'ont pas vu leur père depuis quelques jours; ils doivent être en réaction contre cette absence."*

137. *"Il faut les laisser libres, ça fait des enfants moins nerveux."*

Pour un retard à l'école

Les retards à l'école ne sont pas toujours le fait des enfants. Ils sont quelquefois la faute des parents. Quoi qu'il en soit, il faut toujours écrire ce petit billet qui demande tant d'imagination aux pauvres parents. Ceux-ci ont toujours peine à formuler une excuse cohérente, sachant qu'elle se retrouvera dans les mains de ces experts de la rédaction sans faute d'orthographe que sont les professeurs.

L'excuse doit être plausible et varier d'une fois à l'autre, car une négligence risque de pénaliser votre enfant. Aussi, pour vous aider dans cette tâche ingrate, nous avons concocté quelques bonnes excuses du type passe-partout.

* * *

138. *"Veuillez excuser le retard de Pierrot; j'étais très fatigué, j'ai passé tout droit quand le réveille-matin a sonné." (Rejetez le blâme sur vous-même, car il est difficile de vous garder en retenue.)*

139. *"Veuillez excuser le retard de Danielle; elle a raté son autobus scolaire." (N'expliquez pas pourquoi elle a raté l'autobus, car vos raisons ne sont sûrement pas très valables. Un truc, soyez bref.)*

140. *"Veuillez excuser le retard d'Isabelle; nous avons eu des difficultés à faire démarrer notre voiture."*

141. *"Veuillez excuser le retard de Laurent; J'ai préféré le laisser dormir ce matin, car il a eu une nuit très agitée." (Ici, vous vous montrez très soucieux de la santé de votre enfant; c'est tout à votre honneur.)*

142. *"Veuillez excuser le retard de Catherine; nous avons eu une panne d'électricité durant la nuit et le réveille-matin a pris du retard." (Que dire quand les éléments s'en mêlent? On n'a qu'à s'incliner.)*

143. *"Veuillez excuser le retard de Nicolas; il s'est trompé de trajet en prenant l'autobus." (Quand les enfants sont très jeunes, ils n'ont pas le sens de l'orientation; profitez-en!)*

144. *"Veuillez excuser le retard de Julie; nous revenions de vacances hier, et nous nous sommes couchés très tard." (Bonne excuse pour les chanceux qui vont dans le Sud, en hiver!)*

145. *"Veuillez excuser le retard de Jasmine; on avait annoncé du mauvais temps à la radio et j'ai attendu de voir de quoi il retournait." (S'il y a des bourrasques, de la neige, du verglas, des tornades, des orages, des raz-de-marée ou de la grêle dans l'air, profitez-en et utilisez cette excuse qui tombe du ciel!)*

146. *"Veuillez excuser le retard d'Amir; des bombes tombaient dans notre secteur et j'ai attendu que ça se calme." (Bonne excuse pour les habitants de Beyrouth ou de toute autre localité à l'équilibre politique instable!)*

Pour une absence à l'école

Tout comme pour les retards, il n'est pas toujours facile de rédiger le petit billet explicatif que votre enfant, lorsqu'il a été absent, doit présenter à son professeur. Voilà pourquoi les parents soucieux d'agrémenter la routine des instituteurs pourraient, avec avantage, s'inspirer de la liste d'excuses suivante.

147. *"Carlos ne s'est pas rendu en classe ce matin; il fallait le faire voir par le dentiste." (Comme il n'est pas facile d'obtenir un rendez-vous chez ces professionnels, on y va, pour ainsi dire, quand on peut.)*

148. *"Veuillez excuser l'absence de Jocelyne ce matin; elle avait des coliques et j'ai décidé de la garder quelques heures sous observation." (Il y a des matins où les enfants ne veulent absolument pas aller à l'école. Une investigation habile permet de déceler à peu près tous les symptômes de n'importe quelle maladie... À vous le diagnostic!)*

149. *"Veuillez excuser l'absence de mon petit Roger; nous avions un cas de maladie contagieuse à la maison et j'ai estimé plus prudent de ne pas exposer les autres enfants de l'école."*

150. *"Veuillez excuser l'absence d'André; nous avons eu de la mortalité dans la famille." (Comme on ne choisit pas toujours son jour pour mourir ou se faire enterrer, c'est une excellente excuse... Et la vie continue!)*

151. *"Veuillez excuser l'absence de Josée; ses chaussures de sport ont lâché malencontreusement et il fallait les remplacer le plutôt possible." (Dans notre monde où le vêtement est de plus en plus uniformisé, pas question pour un enfant d'aller à son cours d'éducation physique sans la paire de chaussures ad hoc. Ça risquerait de le marquer psychologiquement pour la vie.)*

152. *"Veuillez excuser l'absence de Nathalie; elle devait passer une audition pour un film." (En utilisant cette excuse, pas de problème. Le professeur est généralement très fier d'avoir une future petite vedette dans sa classe; peut-être se dit-il qu'il aura ainsi une chance de se dénicher un petit rôle dans la production. Silence, on tourne...)*

153. *"Veuillez excuser l'absence de Marie-Jade; elle s'est blessée à un genou et elle a de la difficulté à marcher."* (Une bonne excuse pour rester en tête-à-tête avec maman, hein?)

154. *"Veuillez excuser l'absence de Guy; nous avons été retardés par un détournement d'avion à notre retour de vacances."* (Les aléas des voyages, que voulez-vous?)

155. *"Veuillez excuser l'absence de Johanne; je suis en instance de divorce, et son père l'a kidnappée pendant quelques jours..."* (Voilà bien une excuse des temps modernes!...)

156. *"Veuillez excuser l'absence de Gustave; comme il est très religieux et que c'était la visite du pape, je l'ai laissé y aller."* (On ne peut quand même pas empêcher un chrétien de pratiquer sa religion. Une future vocation, peut-être...)

157. *"Veuillez excuser l'absence de Carole; mais ses épreuves de qualification pour les Jeux olympiques se tenaient hier."* (Encore une qui va faire honneur à son pays!)

Pour refuser quelque chose à un enfant

Les enfants sont sûrement les êtres qui usent le plus notre patience. Ils reviennent continuellement à la charge pour obtenir ceci ou cela, une permission, une sortie, un jouet, une gâterie, et bien d'autres choses encore.

Il n'est pas toujours facile de dire non catégoriquement. Mais combien nous aimerions qu'ils comprennent d'eux-mêmes que nous ne sommes tout simplement pas disposés à dire oui. Dans ces requêtes répétées on finit par être à court d'excuses. Alors, en voici une généreuse liste, pour toutes sortes d'occasions.

* * *

158. *"Ce n'est pas de ton âge."*

159. *"Ça coûte trop cher."*

160. *"Ce n'est pas bon pour la santé."*

161. *"Tu ferais mieux de te concentrer sur tes études."* (Belle manoeuvre de diversion. Comme si l'un empêchait l'autre...)

162. *"Je n'ai pas le temps aujourd'hui."* (En espérant ardemment qu'il oublie! Comme rien n'est moins sûr, préparez-vous à répéter cette excuse le lendemain, le jour suivant, et le jour d'après.)

163. *"Non, tu n'en as pas vraiment besoin, ça serait superflu."* (En plus d'être élégante, cette excuse enrichira le vocabulaire de vos tout-petits. Une pierre deux coups, quoi!)

164. *"Tu vas l'abîmer."* (Surtout s'il s'agit de votre voiture, défendez-la coûte que coûte.)

165. *"Ce n'est pas pour les enfants."*

166. *"Tu as l'école demain."* (L'école pour les enfants et le plaisir pour les grands!)

167. *"Demande à ta mère."*

168. *"Demande à ton père."*

169. *"Demande à ta mère."*

170. *"Demande à ton père."* (Et ainsi, la boucle est bouclée. Vive la coopération dans l'éducation des enfants!)

171. *"Il faut que j'en discute avec ta mère."* (Voilà une très bonne façon de gagner du temps.)

172. *"C'est trop compliqué pour les enfants."* (Excuse particulièrement pratique s'il s'agit de votre ordinateur personnel. Car, de deux choses l'une, ou il vous efface quelques programmes, ou il vous en remontre dans peu de temps!)

173. *"C'est trop dangereux."* (Avec récit dramatique à l'appui, ça fait généralement son petit effet.)

174. *"Il y a trop de circulation sur les routes, le dimanche."* (Excuse particulièrement précieuse pour se reposer d'une semaine de travail en évitant d'aller en pèlerinage aux glissoires d'eau, au cirque, à la plage, etc.)

175. *"Maman est fatiguée."* (*Très efficace, surtout quand l'expression faciale traduit le plus complet harassement.*)

176. *"J'ai du travail."* (*Et là, prouvez-le, car on pourrait vous prendre pour un menteur.*)

177. *"Si je te l'achète cette année, je ne pourrai pas t'acheter la mobylette l'an prochain."* (*Quel choix déchirant...*)

178. *"On n'a pas de place pour ça à la maison."*

179. *"Tu n'as rien fait pour le mériter."* (*Encore le bon vieux marchandage...*)

180. *"J'attends ton anniversaire pour te l'offrir."* (*Non seulement vous gagnez du temps mais, de plus, vous évitez d'avoir à vous casser la tête au moment de son anniversaire.*)

"Excusez le désordre, on vient d'emménager ensemble et à nous deux on a beaucoup de choses."

Pour une maison en désordre

Quel plaisir de recevoir la visite inattendue d'un bon ami. Vous savez ce que c'est, il passait dans le coin et il en a profité pour vous rendre une petite visite.

Cependant, ce plaisir se change facilement en son contraire si votre intérieur est sens dessus dessous. Vous avez presque l'impression qu'on viole votre intimité. Quelle tuile! Vous auriez envie de vous cacher. Mais les jeux sont faits. Vous n'avez plus qu'à inviter votre visiteur à ne pas faire attention au désordre, à lui servir un verre et une des excuses qui suivent.

181. *"Avec nos deux petits extra-terrestres, il faudrait un robot pour tenir la maison en ordre." (Les enfants ont le dos large.)*

182. *"Excusez le désordre, on a eu des invités, hier." (La visite, c'est bien connu, ça vient chez vous, ça vous désorganise, puis ça s'enfuit dès que vous commencez à ramasser les verres!)*

183. *"Nous travaillons beaucoup en ce moment et nous n'avons pas le temps d'entretenir la maison." (L'entretien de la maison est un de ces phénomènes étranges qui ne se voit pas quand il est fait régulièrement mais qui saute aux yeux dans le cas contraire. Quelle ironie du sort!)*

184. *"Ma femme de ménage est malade." (Il est à espérer qu'elle se rétablisse le plus tôt possible, sans quoi...)*

185. *"On a emménagé récemment et on n'a pas encore eu le temps de s'installer."*

186. *"Je suis tellement fatigué que j'ai décidé de prendre congé du ménage."* *(Qu'on se le tienne pour dit. Et si ça ne plaît pas à votre visiteur, passez-lui le torchon!)*

187. *"Avec des animaux dans la maison, pas moyen de la garder propre."* *(Quand vous parlez d'animaux, il faudrait préciser. Sinon, on pourrait croire que vous parlez de votre bande de cochons à deux pattes!)*

188. *"L'appartement est trop petit et il est tout de suite en désordre."* *(On se demande comment les Japonais font pour maintenir un ordre impeccable dans leurs si petites pièces. Il faut sûrement avoir les yeux bridés pour y parvenir... De quoi en faire une jaunisse!)*

189. *"Les enfants ont encore invité leurs amis et ils ont laissé la maison en champ de bataille."* *(Allez-y, mettez-leur tout sur le dos... Ils ne vous feront pas mentir!)*

190. *"La maison est trop grande, je fais le ménage un étage à la fois."*

191. *"On vient d'être dévalisé et on attend la police avant de mettre de l'ordre."* *(Quand les gens se font dévaliser pour la première fois, ils pensent que la police va opérer des miracles, prendre les empreintes digitales et rechercher patiemment de précieux indices pour un simple vol de téléviseur. Il ne faudrait tout de même pas confondre avec Sherlock Holmes.)*

192. *"Excusez le désordre, on vient d'emménager ensemble et à nous deux on a beaucoup de choses."* *(Il y a des gens qui ont le don d'accumuler toutes sortes d'objets inutiles et qui ont une sainte horreur de s'en départir. Vous savez, le genre conservateur de musée...)*

193. *"Quand j'ai mes crises de rhumatisme, je suis incapable de lever le petit doigt."* *(Quelqu'un de cynique pourrait vous répondre que c'est en plein le temps de faire votre ménage, que vous avez besoin d'exercice.)*

194. *"Excusez le désordre, nous faisons actuellement l'inventaire de nos biens pour les assurances."*

195. *"Excusez le désordre, mais les exterminateurs de vermine sont venus et ils ont dû vaporiser partout." (Pas très réjouissant pour vos visiteurs. Une bonne méthode pour qu'ils ne reviennent plus.)*

196. *"Excusez le désordre, mais nous ne vous attendions pas si tôt." (Eh oui, quoi de plus désespérant que de voir les invités rappliquer en avance et vous prendre en défaut. Si au moins ils étaient arrivés une demi-heure plus tard, la maison aurait été impeccable. C'est injuste!)*

197. *"On fait des travaux de rénovation, c'est un véritable chantier."*

198. *"Excusez le désordre, mais je suis obligé de travailler chez moi." (Avec le taux élevé de chômage, beaucoup de gens ont dû transformer leur intérieur en atelier de réparation de bicyclettes ou d'aspirateurs.)*

199. *"En ce moment, j'essaie de faire le ménage en moi-même avant de m'attaquer à cet autre ménage, plus superficiel." (Une excuse de mystique qui ne mystifiera personne!)*

200. *"Excusez le désordre, je suis dans mon ménage du printemps." (Remarquez, ici, que la recherche de l'ordre vient à la défense du désordre.)*

201. *"Je n'aime pas mon nouveau logement, et ça m'enlève toute envie de l'entretenir." (Il est à souhaiter que vous n'ayez pas un bail de cinq ans.)*

202. *"Avec l'égalité des sexes, l'homme aussi doit prendre la responsabilité de la maison." (Et le féminisme repart de plus belle... Un beau débat en perspective!)*

Pour être locataire

Dans nos temps modernes, à moins d'être clochard, tout le monde habite quelque part. Que ce soit au centre-ville, en banlieue ou à la campagne, nous avons tous une adresse. Mais, en réalité, le monde se divise en deux: les locataires et, bien sûr, les propriétaires. Le premier groupe nourrit généralement une sorte de complexe d'infériorité à l'endroit du second, si bien qu'un mécanisme de défense s'est peu à peu élaboré pour excuser le fait d'être locataire, situation dictée, dans la plupart des cas, par de simples considérations financières. Cependant, l'argent étant un sujet délicat, on a rarement recours à cette explication et on préfère généralement utiliser l'une des excuses qui suivent. C'est la vie!

* * *

203. *"Quand j'ai terminé ma semaine de travail, je n'ai aucune envie d'entretenir un jardin." (Voilà l'excuse la plus populaire. Elle a l'avantage de trahir un aspect sombre de la vie de propriétaire; c'est sans doute ce qui en fait une classique.)*

204. *"J'ai goûté aux deux, et je préfère être locataire." (Excuse utilisée par les auteurs de ce livre qui ont connu un revers de fortune; ils s'en servent, comme bien d'autres, en attendant que la fortune daigne leur sourire à nouveau.)*

205. *"Quand on est locataire on peut, plus facilement qu'un propriétaire, changer de logement si l'on n'aime plus l'environnement."*

206. *"En fait de grosses réparations, les mauvaises surprises sont pour le propriétaire. (Ici on remarque un embryon d'honnêteté, car l'aspect financier est discrètement effleuré.)*

207. *"J'attends de trouver une maison qui soit vraiment à mon goût." (Encore un qui fait le difficile!)*

208. *"Pour des gens comme nous qui aimons le changement, c'est beaucoup mieux d'être locataire."*

209. *"Nous préférons être locataires; ça nous permet de toujours habiter un logement de construction récente." (Un coup bas aux propriétaires!)*

210. *"Avec mon travail, je suis appelé à déménager souvent."*

211. *"Quand l'appartement a besoin d'être repeint, c'est simple, on déménage."*

212. *"J'adore mon quartier, mais on n'y trouve pas de maisons à vendre."*

213. *"Ma santé ne me permet pas d'être propriétaire." (Il peut s'agir de votre santé financière; vous n'avez pas à le préciser.)*

214. *"Nous attendons pour acheter une maison que la taille de notre famille le justifie."*

215. *"Nous préférons prendre des vacances à notre goût plutôt que de tout dépenser pour une maison." (Racontez avec force détails vos dernières vacances, et vous contribuerez peut-être à augmenter la proportion de locataires...)*

216. *"Nous attendons que les taux d'intérêts redeviennent avantageux." (Vous pouvez toujours attendre!)*

Pour être propriétaire

Il n'y a aucune honte à être propriétaire, bien au contraire. C'est même le rêve de la plupart des locataires. Cependant, si vous êtes propriétaire et que vous vous trouvez en présence d'un locataire de vos amis, il est probable, lorsque le sujet fait surface, que vous soyez tenté de justifier votre situation de propriétaire. Ce besoin de justification est d'autant plus élevé que votre interlocuteur est un membre de votre famille moins fortuné (un parent pauvre) ou un collègue de travail disposant du même revenu que vous, mais qui n'a pas eu la sagesse de s'acheter une maison. Pourquoi vous et pourquoi pas lui? Tout en devançant la question, les excuses qu'on utilise dans cette situation tentent d'y répondre. Elles sont une façon de clore un débat délicat avant même qu'il ne soit ouvert.

* * *

217. *"Nous avons déniché une bonne occasion." (Expliquez que vous l'avez achetée d'un ami aux prises avec des difficultés financières et que vous l'avez eue pour une bouchée de pain. Que ne ferait-on pas pour aider un ami en difficulté!)*

218. *"Avoir une maison reste le meilleur placement." (Les propriétaires ferment toujours les yeux sur l'inflation quand ils constatent l'augmentation fabuleuse de la valeur de leur maison. Que voulez-vous, c'est humain, on veut toujours croire qu'on a fait l'affaire du siècle.)*

219. *"C'est mieux d'être propriétaire quand on a une famille à élever."*

220. *"C'est une bonne façon d'amasser un capital."*

221. *"On est habitué comme ça; quand j'étais jeune, je vivais dans la maison familiale." (Pas question, ici, de changer quoi que ce soit aux traditions.)*

222. *"Ça nous prend grand."*

223. *"On l'a eue en héritage." (Refilez la balle à vos ancêtres...)*

224. *"Quand on est propriétaire, on n'a pas à supporter l'augmentation constante des loyers." (Seulement celle des taxes, des assurances, du prix du chauffage, etc.)*

225. *"J'aime bricoler."* (*Excellente excuse, car tout le monde sait que, quand on est propriétaire, ce ne sont pas les occasions de bricoler qui manquent!*)

226. *"J'aime jardiner."* (*Vous voyez le portrait de famille: Pendant que monsieur bricole, madame jardine. Touchant!*)

227. *"On n'aime pas avoir les voisins collés à nous."*

Pour avoir une piscine

Avoir une piscine est pour beaucoup un signe extérieur de la réussite sociale. Comme on dit, c'est la cerise sur le dessert. Après avoir acheté tout ce qui est utile pour le travail, la maison et les loisirs, quand les enfants sont inscrits au cours de musique et de karaté, que chacun a sa petite auto, quoi de plus normal que d'agrémenter sa cour d'un patio et d'une somptueuse piscine.

Malheureusement, comme ceux qui vous fréquentent ne sont pas tous en mesure de s'offrir ce luxe, il vous faut vous excuser auprès de ces infortunés de la saison chaude. C'est, pour ainsi dire, un réflexe conditionné.

* * *

228. *"Ça garde nos enfants à la maison."*

229. *"Avec l'argent qu'on économise en prenant nos vacances chez nous, le coût de la piscine est vite amorti."*

230. *"Une piscine, ça ajoute de la valeur à la maison, quand vient le temps de la vendre."*

231. *"Ça garde en forme à peu de frais."* (*Oui, en effet, c'est surprenant de voir tout l'exercice qu'on peut faire quand on a une* *piscine: La remplir, enlever les feuilles mortes, rajouter du chlore, ramasser flotteurs et ballons... À la fin de l'été, c'est la grande forme!)*

232. *"Elle était là quand nous avons acheté la maison."*

233. *"Elle améliore notre vie sociale." (C'est un fait, quand on a une piscine, il y a toujours une bande de pique-assiette qui débarquent pour manger vos chips, salir vos serviettes, s'asseoir en maillots mouillés sur vos divans de velours et qui sont trop radins pour vous payer la bière!)*

234. *"La natation, c'est un sport complet."*

235. *"C'est plus sûr que de se baigner à la mer." (Pour ceux qui ont vu le film* Les Dents de la mer.*)*

236. *"Tous nos amis en ont une." (Évidemment, votre interlocuteur va se demander s'il fait partie de vos amis.)*

237. *"C'est bon pour les affaires." (Un petit plongeon, un dry martini, un bifteck sur charbon de bois, et l'affaire est dans le sac!)*

238. *"L'été est long et chaud, il faut bien se rafraîchir."*

239. *"Je ne fais pas de sports d'hiver, mais au moins je profite de l'été."*

Pour avoir une piscine hors terre

La piscine hors terre est le parent pauvre de la piscine creusée; et quand on ne peut s'offrir la vraie de vraie, on y va pour ce prix de consolation. Mais, en plus d'avoir à s'excuser d'avoir une piscine, il faut s'excuser de n'avoir qu'une piscine hors terre. On peut aussi se servir de cette infortune pour s'excuser d'avoir une piscine, avec une remarque du genre: "Ce n'est qu'une piscine hors terre..."

240. *"Une fois qu'on est dedans il n'y a aucune différence." (C'est bien vrai; une fois dedans, on perd cette impression qu'une soucoupe volante géante s'est posée sur notre minuscule terrain.)*

241. *"Avec une piscine hors terre, on n'est pas obligé d'installer une clôture." (C'est l'excuse la plus répandue, ce doit être la meilleure.)*

242. *"Elle n'augmente pas les taxes foncières." (Encore une excuse de fauché!)*

243. *"C'est moins dangereux pour les enfants."*

244. *"Quand on n'en veut plus, on peut facilement récupérer l'espace."*

245. *"J'ai décidé d'essayer une piscine hors terre avant de faire installer une piscine creusée." (C'est bien d'essayer une Volkswagen avant d'acheter une Cadillac; la démarche est très logique...)*

Pour ne pas avoir de piscine

Vous vous êtes vanté de vos affaires florissantes et vos visiteurs vous demandent, tout naturellement, comment il se fait que vous n'ayez pas encore de piscine. Ils se promènent sur votre terrain, vous suggèrent un emplacement, bref, ils la voient déjà presque comme si elle y était.

Quand on connaît les frais et les inconvénients occasionnés par l'installation d'une piscine, c'est souvent un pensez-y-bien; et ce n'est certes pas le premier venu qui peut vous faire plonger dans cette aventure, si rafraîchissante soit-elle. Aussi, soyez toujours prêts à répliquer.

* * *

246. *"L'été est trop court." (Excuse idéale pour ceux qui habitent les pays nordiques.)*

247. *"Les gens qui en ont une ne s'en servent pratiquement pas."*

248. *"C'est dangereux." (Excellente excuse, car tout le monde connaît quelqu'un qui connaît quelqu'un qui a perdu quelqu'un dans une piscine.)*

249. *"Nous préférons faire de beaux voyages."*

250. *"C'est trop d'entretien." (Quand il est question d'avoir une piscine, les adolescents de la maison se portent spontanément volontaires pour effectuer l'entretien. mais ils sont, paraît-il, plutôt invisibles quand il s'agit, par la suite, de passer aux actes!)*

251. *"Ça fait augmenter le prix des assurances." (Comme si le prix des assurances était une dépense importante comparée au prix de la piscine elle-même.)*

252. *"On n'a pas suffisamment de place pour celle qu'on aimerait." (Pour ceux qui rêvent d'une piscine olympique.)*

253. *"On risque d'être envahi par les enfants du quartier." (Bonne excuse pour ceux qui ne veulent pas transformer leur cour en garderie de jour!)*

254. *"Ça augmente le prix des taxes."*

255. *"Je ne sais pas nager." (Cette race est en voie de disparition, mais si vous en faites partie, allez-y.)*

256. *"Je conserve l'espace pour me faire construire un court de tennis."*

257. *"Je préfère me baigner à la mer."*

258. *"Mon voisin en a une."* (*Si vous avez cette chance, profitez-en et laissez à d'autres tous les inconvénients...!*)

259. *"La maison serait plus difficile à revendre, car ce n'est pas tout le monde qui désire une piscine."*

260. *"Si tout le monde en avait une, il faudrait tripler la capacité des usines de filtration."* (*Bonne excuse pour la personne préoccupée d'écologie!*)

261. *"Avec une piscine, on n'a plus de vie privée."* (*Si vous êtes du genre femme jalouse, vous ne voudrez certainement pas passer l'été entourée de votre mari et de jolies dames en bikini!*)

262. *"Ça coûte trop cher."* (*Enfin, la vraie raison!*)

263. *"Avec tous ceux qui font pipi dans l'eau, ce n'est pas très hygiénique."* (*Pourtant, ne dit-on pas que c'est bon pour la peau et que ça guérit les gerçures?*)

264. *"On ne profiterait plus autant de notre bateau."* (*L'excuse ne manque pas de classe!*)

Chapitre V

Les excuses relatives au travail

"Quand on apporte son lunch, au moins, on sait ce qu'on mange."

Pour un retard au travail

Il n'est pas toujours facile d'arriver au travail à l'heure. Certains matins, c'est même impossible. Que ce soit parce que le coucher a été trop tardif ou parce que le sommeil nous a fui, il y a des matins comme ça où le lit exerce sur nous une attraction irrésistible.

On reste là, couché, jetant de temps en temps un coup d'oeil au réveille-matin. On commence par se dire qu'il suffira de faire sa toilette plus vite. Un peu plus tard, on décide de ne pas déjeuner; puis, de sacrifier la douche; enfin, de conduire plus vite. Ainsi va-t-on de sursis en sursis. Parce qu'on finit quand même par mettre un premier pied en dehors du lit, puis un second, on se retrouve face à toutes ses promesses intérieures de faire vite. Mais quand on est encore tout endormi, il n'est pas facile de les tenir. Et quand on est un peu mieux réveillé, un peu plus lucide aussi, le premier calcul sommaire montre à l'évidence que la situation est désespérée, qu'il n'y a plus rien à faire pour éviter d'être en retard. Là on se dit que tant qu'à être en retard, autant déjeuner, prendre une douche et rouler prudemment.

Bref, une fois le retard admis, il faut démontrer un strict respect de l'ordre établi. Et après tout, qu'est-ce qu'un retard comparé à la négligence de s'en excuser?

* * *

265. *"Mon auto ne voulait pas démarrer."* *(L'excuse classique qu'on peut utiliser quelques fois par année. Cependant, celui qui arrive en retard fréquemment devra avoir plusieurs autres excuses à son répertoire.)*

266. *"Mon réveille-matin n'a pas sonné."* *(Une autre classique!)*

267. *"Il fallait que je passe à la banque, et elle n'ouvre qu'à 10 heures."* *(Bonne excuse, et si votre patron vous suggère de vous munir d'une carte pour utiliser le guichet automatique, félicitez-le pour cette idée et oubliez cette excuse tant que vous aurez le même patron.)*

268. *"Ma gardienne est arrivée en retard."* *(Les gardiennes ont bon dos!)*

269. *"Il y avait un embouteillage monstre sur la route."* *(Les bulletins de circulation, à la radio, vous seront d'un précieux secours pour ce qui est des détails de cet embouteillage...)*

270. *"Le métro est tombé en panne."* *(Bonne excuse, car il y a peu de chance que votre patron, lui, utilise ce moyen de transport pour se rendre au travail.)*

271. *"Ma toilette a débordé."* *(Votre patron vous fera sûrement grâce des détails!)*

272. *"J'ai oublié d'avancer l'heure."* *(Pour les pays où on avance l'heure. Il va sans dire qu'on ne peut utiliser cette excuse qu'une fois par année.)*

273. *"J'ai eu une crevaison."*

274. *"J'ai eu de la difficulté à trouver une place de stationnement."*

275. *"On a eu une panne d'électricité et le réveille-matin électrique a pris du retard."*

276. *"Je n'arrivais pas à trouver un taxi."*

277. *"Je ne me sentais pas bien. Je n'étais pas sûr de pouvoir venir, mais je suis venu quand même."* *(Bonne excuse, car en plus de*

vous excuser de votre retard, on va sans doute vous féliciter pour votre courage!)

278. "Je suis resté pris dans un banc de neige." (Pour les jours de tempêtes.)

279. "J'ai passé au feu." (Rien ne vous oblige à préciser que seules vos rôties ont brûlé!)

280. "L'autobus scolaire n'est pas passé, et j'ai dû accompagner mes enfants à l'école."

281. "J'ai dû raccompagner ma belle-mère à l'aéroport." (Votre patron comprendra certainement que vous ayez voulu être absolument sûr que votre belle-mère prenait bel et bien son avion!)

282. "J'ai eu un petit accrochage." (Idéal si vous avez quelques petites bosses sur votre voiture!)

283. "Mon voisin s'est blessé et j'ai été obligé de l'accompagner à l'urgence."

Pour une absence au travail

Il y a des jours, surtout les lundis, où l'envie d'aller travailler nous fait totalement défaut. Le week-end nous a fait prendre goût à l'oisiveté et nous décidons de le prolonger de notre propre chef. C'est bien humain.

Bien que le nombre d'excuses soit assez limité, il y a quand même moyen de varier un peu, et ainsi d'éviter de trop ennuyer votre patron.

* * *

284. *"J'ai fait une gastro-entérite."* (*La bonne vieille classique!*)

285. *"Je suis allé remplir des demandes d'emploi."* (*Usage non recommandé si vous n'avez pas un bon syndicat!*)

286. *"Je croyais que c'était un jour férié."* (*À n'utiliser que si vous êtes du genre un peu épais.*)

287. *"Je passais en cour pour mon divorce."*

288. *"J'ai eu un accident."* (*Au besoin, faites-vous un plâtre vous-même...*)

289. *"Je suis allé à la pêche, et suis tombé en panne à des kilomètres de la rive; il m'a fallu toute une journée pour ramer jusqu'à la terre ferme."* (*Toute une histoire de pêche!*)

290. *"Je suis tombé en amour."* (*Pour quelqu'un qui veut vivre pleinement en retirant ses prestations d'assurance-chômage!*)

291. *"Je revenais de vacances avec mon épouse et notre avion a été détourné par un pirate de l'air."* (*Les détournements d'avion sont devenus chose tellement courante que vous avez toute chance d'être cru.*)

292. *"J'ai passé au feu et on m'a hospitalisé pour un choc nerveux."* (*À utiliser juste après un déménagement, car vous allez devoir donner votre nouvelle adresse. Si vous êtes chanceux, vos collègues de travail vont faire une petite collecte pour vous aider financièrement en attendant votre indemnité d'assurance...*)

293. *"J'ai été détenu par la police, par erreur."* (*Bonne excuse, vous ne pouviez tout de même pas vous évader... Vous risquez cependant de paraître un peu louche aux yeux de votre patron.*)

Pour ne pas avoir retourné un appel

Quand vous occupez un poste décisionnel, si peu important soit-il, vous êtes sollicité de toute part par des gens qui veulent obtenir ceci ou vendre cela. Il y a, de plus, l'emmerdeur type qui a déjà laissé une bonne dizaine de messages à votre secrétaire et qui ne lâchera pas prise tant qu'il ne vous aura pas au bout du fil.

Quand on est en affaires, il est très difficile de changer son numéro de téléphone et d'en prendre un confidentiel. Il n'est pas plus facile d'être carrément bête avec quelqu'un. Alors, quand un de ces importuns réussit à vous rejoindre, il y a fort à parier qu'il va vous demander pourquoi vous ne lui avez pas retourné son appel. Désormais, quand cela se produira, vous pourrez lui servir l'une des explications suivantes.

* * *

294. *"Quelle coïncidence, j'allais justement vous appeler." (Transmission de pensée ou bonne excuse improvisée? À vous de choisir.)*

295. *"J'étais à l'extérieur de la ville." (Cette excuse, à moitié vraie si vous habitez la banlieue, jettera un peu d'éclat sur votre vie terne de bureaucrate; et puis, on peut toujours voyager par la pensée!)*

296. *"Je n'ai pas reçu votre message." (On va sûrement se demander comment les organisations continuent à bien fonctionner, quand on se rend compte de la quantité de messages perdus.)*

297. *"J'ai égaré votre numéro de téléphone." (Vous faites un aveu d'incompétence, mais si c'est vraiment nécessaire, allez-y!)*

298. *"Je vous ai appelé, mais il n'y avait pas de réponse." (Vous prenez un certain risque, car si votre interlocuteur était présent au moment où vous prétendez l'avoir appelé, il se doutera de quelque chose.)*

299. *"J'ai laissé un message chez vous; on a sans doute oublié de vous le transmettre." (Ici, la manoeuvre est habile et renvoie la balle dans le camp adverse; c'est alors au tour de votre interlocuteur de s'excuser.)*

300. *"Je ne vous ai pas appelé, parce qu'il n'y a pas eu de nouveaux développements." (Il y a des gens trop impatients. Ils sont incapables d'attendre que les choses suivent leur cours. Avec cette excuse un peu rude, vous leur ferez les pieds!)*

301. *"J'ai appelé plusieurs fois, mais c'était toujours occupé."*

302. *"Je reviens de vacances et vous n'êtes pas le seul que je doive rappeler." (Ici, il s'agit de remettre l'envahisseur à sa place, et de lui faire comprendre qu'il est un parmi bien d'autres, peut-être même le dernier sur votre liste s'il se fait trop insistant. Une bonne façon de s'offrir, mine de rien, un petit power trip!)*

303. *"J'ai complètement oublié de vous rappeler." (Si vous n'avez pas peur d'être catalogué parmi les gens qui n'ont pas de tête et qui sont par ailleurs trop pauvres pour s'offrir un agenda!)*

304. *"Êtes-vous sûr de m'avoir donné le bon numéro?" (Et si vous êtes un tantinet rusé, vous pousserez l'audace jusqu'à vérifier le numéro de téléphone de votre interlocuteur en en changeant, bien sûr, un des chiffres...)*

305. *"Votre dossier est d'une telle importance que j'ai décidé de le référer à un collègue plus expérimenté que moi." (Voilà une bonne façon de gagner du temps tout en rassurant votre interlocuteur sur le sérieux dont vous faites preuve dans l'étude de son problème.)*

Pour ne pas communiquer un appel

Votre patron vient de se procurer un appareil pour pratiquer ses coups roulés au golf. Il l'installe dans son vaste bureau et sort ses balles pour travailler son style. Il vous dit qu'il ne veut être dérangé sous aucun prétexte.

Comme vous êtes une bonne secrétaire, vous saurez quoi répondre à ces importuns qui, si vous les laissiez faire, compromettrait les progrès d'un futur champion.

* * *

306. *"Il est absent." (C'est presque vrai!)*

307. *"Il est occupé sur une autre ligne, ça risque d'être long; voulez-vous qu'il vous rappelle?" (Et comment que ça risque d'être long!)*

308. *"Il vient tout juste de quitter." (Excuse génératrice de grande frustration.)*

309. *"Il est pris sur une autre ligne, désirez-vous attendre?" (Si la personne répond oui, elle n'a pas fini d'attendre. Revenez-lui toutes les deux minutes et ce, jusqu'à épuisement de sa patience...)*

310. *"Il est en conférence." (Encore une bonne façon de se donner de l'importance à peu de frais.)*

311. *"Il vient de quitter pour son dîner." (Là, on va sans doute vous demander à quelle heure il doit revenir. Toute bonne secrétaire ne peut honnêtement répondre à cette question, étant donné que plus la semaine avance, plus les dîners s'allongent!)*

312. Il est à l'extérieur de la ville." (Excuse de prestige!)

313. *"Il est à l'extérieur du pays." (Excuse de grand prestige!)*

314. *"Il n'est pas encore arrivé." (Et, si la personne rappelle trente minutes plus tard, dites-lui qu'il vient tout juste de quitter. Encore une façon de faire circuler le bruit que les patrons se la coulent douce...)*

315. *"Il est très occupé en ce moment, désirez-vous laisser un message?"*

316. *"Il est sorti pour quelques minutes." (Si la personne rappelle, recourez à l'excuse n° 314.)*

317. *"Il est en congé de maladie." (Vous aurez la paix pour une journée au moins.)*

318. *"Il est en vacances." (Vous aurez la paix pour quelques semaines.)*

Pour avoir raté un rendez-vous

Le meilleur outil pour ne jamais rater de rendez-vous demeure l'agenda. Encore faut-il le consulter quotidiennement si l'on veut qu'il soit utile à quelque chose.

S'il vous arrive malencontreusement de rater un rendez-vous, vous aurez sûrement besoin de préparer une bonne excuse. Nous en avons sélectionné quelques-unes pour vous faciliter la chose.

* * *

319. *"J'ai bien inscrit une heure et non pas midi dans mon agenda." (La personne rusée prendra la précaution d'inscrire ses rendez-vous au crayon, de façon à pouvoir, par la suite, réarranger les heures à sa convenance.)*

320. *"Ma voiture est tombée en panne." (Votre fidèle amie vous est une fois de plus d'un précieux secours, car outre qu'elle est* *à votre entière disposition, elle est muette! Donc, pas de risque de trahison.)*

321. *"J'ai eu un léger accrochage." (Vous n'avez pas à préciser que c'est "dans les fleurs du tapis" que vous vous êtes pris les pieds.)*

322. *"J'ai dû accompagner ma femme chez le médecin." (Avec cette excuse, on va s'enquérir de sa santé et peut-être entrebâiller la porte de votre vie privée. À vos risques...)*

323. *"J'ai été retenu par un appel interurbain." (On dirait que les appels interurbains, c'est sacré! Ça doit venir, comme dirait Jung, de très vieux archétypes, du temps où nous étions des oiseaux migrateurs.)*

324. *"J'ai été retenu par un meeting." (Le meeting en question doit être d'une très grande importance, sans quoi il vaudrait mieux ne pas vous excuser du tout.)*

325. *"Nous ne nous sommes pas bien entendus sur le lieu de notre rendez-vous." (Vous pensiez au Hilton de Dorval et lui au Hilton du centre-ville; n'est-ce pas que c'est astucieux?)*

326. *"J'ai eu une urgence à la maison." (Vous n'aurez probablement pas à préciser, car il existe une discrétion naturelle qui veut qu'on ne mélange pas les affaires familiales et les affaires professionnelles.)*

327. *"Ma secrétaire ne m'a pas rappelé que nous avions rendez-vous." (Au prix que coûtent les secrétaires, elles peuvent bien rendre quelques petits services supplémentaires, comme prendre le blâme à votre place. De toutes façons, du moment qu'elles n'en savent rien...)*

328. *"J'ai été retenu chez mon comptable." (Quand il est question de gros sous, pas besoin de faire de dessin, tout le monde comprend.)*

329. *"Nous avons eu une rencontre d'urgence avec le syndicat."* *(Votre interlocuteur va compatir à vos souffrances.)*

330. *"J'ai dû aller voir mon dentiste."* *(Il y a des visites qui ne souffrent aucun délai. Si, de plus, vous avez de grosses joues et parlez la bouche de travers, votre alibi est parfait!)*

331. *"J'ai laissé un message à votre bureau pour annuler notre rendez-vous; il n'a pas dû vous parvenir."* *(Ne vous gênez pas, rejetez le blâme sur le secrétariat de l'autre personne et plaignez-vous avec elle de la difficulté qu'on a, de nos jours, à s'entourer de personnel compétent.)*

Pour refuser un emploi à quelqu'un

Par les temps qui courent, faire une demande d'emploi équivaut à lancer une bouteille à la mer. En fait, pour chaque poste disponible, des centaines de demandes parviennent souvent à l'employeur. Étant donné que cette course ne connaît qu'un seul gagnant, les employeurs ont développé des lettres types pour répondre aux pauvres malheureux qui n'ont qu'à continuer à chômer.

Ces lettres ont presque toutes en commun deux éléments: elles remercient le candidat de l'intérêt qu'il manifeste à l'égard de l'entreprise, et elles se terminent généralement en affirmant que le service du personnel conservera la demande pour une période donnée, au cas où une ouverture se présenterait, question de donner un peu d'espoir aux plus naïfs.

Entre ces deux énoncés, on insère l'une des excuses suivantes.

* * *

332. *"Nous réduisons actuellement notre personnel et nous invitons nos employés qui le désirent à prendre une retraite anticipée."* (Avec l'avènement des nouvelles technologies, les employés ne servent plus que de décorations entre les machines...)

333. *"Vous n'avez malheureusement pas les qualifications requises pour ce poste."* (Inutile d'envisager de les acquérir, car à peine les auriez-vous qu'elles auraient encore une fois changé...)

334. *"Nous n'avons malheureusement pas de poste correspondant à vos qualifications."* (Ça y est, cette fois vous êtes trop qualifié!)

335. *"Vous êtes trop instruit pour ce travail."* (Quand on a besoin de mettre du beurre sur ses épinards, on ne fait pas trop le difficile; mais le système le veut ainsi: pas question de prendre un bachelier en histoire pour conduire un camion. Sans doute serait-ce trop anarchique...)

336. *"Vous n'avez pas suffisamment d'expérience pour ce poste."* (Plus les candidats sont nombreux, plus on exige d'années d'expérience. Qu'on se le tienne pour dit!)

337. *"Vous êtes trop qualifié pour le salaire que nous offrons."* (Même si le postulant en est rendu à payer demi-tarif dans les autobus tellement il est maigre et se contenterait d'un demi-salaire, ne serait-ce que pour subsister, la règle est implacable: ne pas embaucher plutôt que payer au rabais!)

338. *"Le poste pour lequel vous avez postulé a déjà été comblé."* (Encore du favoritisme à piston...)

339. *"Nous cherchons quelqu'un de fraîchement sorti de l'université, pour pouvoir le former nous-mêmes."* (C'est bien connu, un diplôme perd vite de sa valeur, même si vous l'avez encadré avec beaucoup de soin.)

340. *"Vous êtes malheureusement trop âgé pour ce poste." (Qui est donc l'imbécile qui a dit: "Laissez-vous vieillir, le meilleur est à venir?")*

341. *"Vous êtes malheureusement trop jeune pour ce poste." (Qui est l'idiot qui a dit que la valeur n'attend pas le nombre des années?)*

342. *"Nous appliquons actuellement un programme de ségrégation positive et nous avons retenu la candidature d'une noire dans la quarantaine, aveugle, handicapée mentale, amputée d'une jambe, divorcée et chef de famille monoparentale." (On sait bien, c'est toujours les mêmes qui ont de la chance!)*

Pour refuser une offre d'emploi

Vous avez perdu votre emploi, un emploi bien rémunéré qui vous donne droit au maximum de prestations d'assurance-chômage, mais à condition que vous fassiez des demandes d'emploi. Or, voilà qu'un beau jour une de ces demandes porte fruit. Malheureusement, le salaire qu'on vous propose n'égale même pas vos prestations d'assurance-chômage. Mais que faire, puisque invoquer cette raison aurait pour effet de suspendre vos paiements d'assurance-chômage?

Que faire? mais voyons, trouvez une bonne excuse!

*   *   *

343. *"Ma santé n'est pas assez bonne pour ce genre d'emploi." (Faites bien ressortir que vous êtes capable d'effectuer un autre genre de travail, car vous courez le risque d'être déclaré inapte au travail, ce qui vous ferait perdre vos prestations d'assurance-chômage.)*

344. *"Je n'ai pas de voiture."* *(Il est fortement conseillé de vendre votre voiture si vous tombez sur l'assurance-chômage, car cela vous permet de refuser systématiquement tous les emplois qui en nécessitent une. Bon chômage!)*

345. *"Je suis un alcoolique, je ne peux pas conduire."* *(Cette excuse vous permettra de refuser un emploi de camionneur sans avoir à renoncer à votre permis de conduire. Pour ce qui est de devenir alcoolique, ce n'est pas compliqué, il vous suffit de boire le fruit de la vente de votre voiture. Il faut savoir s'organiser si on ne veut pas se faire organiser!)*

346. *"Je suis presque sûr d'obtenir un emploi mieux rémunéré et je dois rester à la maison pour attendre l'appel."* *(Consultez votre avocat, car il n'est pas sûr que l'assurance-chômage accepte cette excuse, pas plus, d'ailleurs, qu'aucune des précédentes ou des suivantes!...)*

347. *"Cet emploi comporte des éléments contraires à mes convictions religieuses."* *(Bonne excuse si l'on vous offre un travail de danseur nu...)*

348. *"Je n'ai pas d'opinions politiques."* *(À servir si l'on vous offre un emploi de premier ministre.)*

349. *Je veux bien accepter l'emploi, même si je crois avoir attrapé le SIDA.* *(Croyez-nous, avec cette excuse, personne n'insistera pour vous avoir sur son "payroll".)*

Pour remettre un travail en retard

Quand le patron vous demande un travail pour une date précise, il semble penser que vous n'avez que cela à faire, un peu comme si, par magie, tout le reste du travail s'envolait en fumée.

Malheureusement, ce n'est pas le cas. Bien au contraire, il semble souvent qu'il suffise d'avoir un travail à remettre dans un délai précis pour que tout concoure à vous retarder, si bien qu'il vous est parfois impossible de le terminer à temps. Quand cela se produit, vous devez présenter une excuse plausible afin de ne pas subir les foudres de votre patron.

* * *

350. *"J'ai été dérangé par le téléphone très souvent aujourd'hui."*

351. *"Il me manquait de la documentation et la poste est très lente ces temps-ci."* (Quand ne l'est-elle pas?)

352. *"Il y avait une employée malade et j'ai dû faire son travail en plus du mien."* (Faites attention avec cette excuse, car vous risquez de dévoiler que votre travail ne vous occupe qu'à moitié!)

353. *"J'avais besoin de détails supplémentaires, mais vous étiez absent."* (Il est à espérer que le patron ait lui aussi une bonne excuse...)

354. *"Je me suis fait voler ma valise et je dois reprendre le dossier à zéro."* (Bonne excuse quand vous n'avez pas même eu le temps de vous attaquer au travail en question...)

355. *"J'avais une affreuse migraine et je n'arrivais plus à me concentrer."* (Si vous êtes une femme, vous pouvez utiliser cette excuse au moins une fois par mois, féminité oblige.)

356. *"La machine de traitement de textes est tombée en panne."* (Tant pis pour les patrons qui ont gâté leurs employés avec des engins de ce genre. Maintenant, il n'est plus question de jouer les bénédictins!)

357. *"Le directeur général m'a donné un travail plus urgent à faire."* (Là, vous vous servez du patron de votre patron comme bouclier; vous êtes on ne peut mieux protégé.)

358. *"Ça s'est avéré plus complexe que prévu et j'ai préféré prendre plus de temps pour bien le faire." (À défaut d'être vite, vous aurez l'air consciencieux!)*

359. *"Je ne me sentais pas inspiré."*

360. *"J'avais pris du retard sur le travail précédent." (Vous êtes sur une mauvaise pente...)*

361. *"Au salaire que vous me payez, j'estime pouvoir prendre mon temps." (Nous vous conseillons cette excuse uniquement si vous avez un bon syndicat derrière vous ou un conjoint qui gagne bien sa vie!)*

Pour apporter son lunch au travail

Qu'on le veuille ou non, ceux qui apportent leur lunch au travail sont un éternel sujet de moquerie. Quelqu'un les invite-t-il à aller dîner en groupe au restaurant qu'ils répondent toujours platement: "Non merci, j'ai mon lunch." Si seulement ils pouvaient entendre les blagues dont ils sont les victimes, ils auraient de la difficulté à digérer leurs sandwichs au saucisson de Bologne et leur café tiède.

Quoi qu'il en soit, ils semblent avoir un sixième sens qui les fait se douter de quelque chose, car ils s'excusent généralement d'apporter leur lunch au travail, avant même qu'on y fasse allusion.

* * *

362. *"Quand on apporte son lunch, au moins, on sait ce que l'on mange." (C'est bien connu, les restaurants, le midi, ont au menu les restes desséchés de la veille. Apprêtés à la "sauce du chef" avec, comme dessert, une facture si lourde qu'elle risque* *de peser toute la journée sur l'estomac. On comprend notre homme de préférer un bon sandwich maison fait de bon pain où entrent les ingrédients suivants: "farine blanchie, lactosérum, dextrose, shortening d'huile végétale, sel, levure, stéaroyl, lactylate de sodium, monoglycérides, propionate de calcium, sulfate d'ammonium, bromate de potassium, farine de maïs, thiamine, riboflavine, niacine, fer." Là, au moins, il sait ce qu'il mange!)*

363. *"Je suis un régime pour maigrir." (Excellente excuse si votre tour de taille vous la permet!)*

364. *"Je suis végétarien." (Vous pouvez expliquer que votre alimentation est constituée principalement de crudités; avec le teint rouge carotte que vous avez, tout le monde va vous croire; vous risquez même de recruter des adeptes!)*

365. *"Il y a trop de monde dans les restaurants, le midi."*

366. *"Dans les cafétérias, la nourriture est infecte." (Tout le monde connaît leur style: spaghetti collants, frites molles, salade cuite, sandwich rassi. Tout pour vous justifier d'apporter votre lunch.)*

367. *"Ma femme me fait de bons petits lunchs." (Ceci, afin de pouvoir joindre les deux bouts avec le salaire de crève-la-faim que vous gagnez... Mais cela, vous n'êtes pas obligé de le dire.)*

368. *"Je suis bouddhiste et je mange macrobiotique." (Une bouchée de yin assaisonnée d'un soupçon de yang, n'est-ce pas que c'est appétissant?...)*

369. *"Je me fais un lunch pour finir les restes."*

370. *"Ça me permet de manger plus légèrement et de moins m'endormir l'après-midi." (Bien sûr, surtout si votre travail présente ce risque.)*

371. *"J'apporte mon lunch et je le mange dehors, ça me fait prendre l'air." (Une bouchée de sandwich, une bouffée de*

monoxyde de carbone et ainsi de suite. *Un vrai dîner santé pour citadin intoxiqué!)*

372. *"Ça me permet de lire en mangeant."* (*Pour un intellectuel qui veut aussi se nourrir l'esprit...)*

373. *"La plupart des restaurants ont des coquerelles dans leur cuisine."* (*Bonne excuse pour ceux qui oublient qu'il y a des coquerelles dans la plupart des épiceries!)*

"Je m'endors."

Pour refuser les rapports intimes

Les rapports intimes sont, dans la vie conjugale, un moment privilégié; tout le monde en convient. Toutefois il arrive, pour une raison ou pour une autre, que l'un des deux partenaires n'en ait aucune envie à un moment où, précisément, l'autre brûle d'envie.

Celui des deux conjoints qui se refuse à l'autre ne veut généralement pas pour autant blesser l'élu de son coeur et ainsi compromettre la paix de leur union. Il ne veut pas non plus afficher une tiédeur et une indifférence chroniques à l'égard des relations sexuelles, car s'il n'a pas faim pour l'instant, il connaît cependant l'appétit qu'il éprouve à d'autres moments. Il lui est donc recommandé d'user de tact et de l'une des excuses suivantes.

* * *

374. *"Mon chéri, j'ai une affreuse migraine." (Excuse largement véhiculée par le cinéma.)*

375. *"Je m'endors." (Avec bâillements à l'appui, cette excuse met l'autre en garde: s'il insiste, ça risque d'être endormant!)*

376. *"Je suis très fatigué."*

377. *"J'ai mal au dos." (On peut même demander au partenaire de procéder à une vigoureuse friction avec une pommade à forte odeur de médicament; c'est hautement dissuasif.)*

378. *"Je n'ai pas pris mon bain."* (*À recommander seulement aux couples qui ont du sexe une conception aseptisée!*)

379. *"Je dois me lever tôt demain matin."* (*Quand de toute façon c'est la vérité, pourquoi ne pas en profiter?*)

380. *"Il ne me reste plus de mousse spermicide."* (*Pour celles, bien sûr, qui n'utilisent pas la pilule.*)

381. *"Les enfants ne dorment pas encore et ça me déconcentre."* (*Ha! ces fichus enfants, ils étaient moins dérangeants au moment de leur conception...*)

382. *"Je n'ai pas la tête à ça."* (*Attention, des explications vont s'imposer!*)

383. *"Mon maître spirituel me recommande l'ascèse."* (*Pour couple en voie de sainteté...*)

384. *"Ce n'est pas compatible avec mon entraînement."* (*Pour les sportifs seulement! Mais attention à la concurrence: le facteur, le livreur, le concierge, etc.*)

385. *"J'ai trop bu, je ne serais pas à la hauteur."* (*Et la plupart du temps, hélas, c'est vrai.*)

386. *"J'ai mis mon masque de beauté."* (*Pas très érotique, surtout si vous avez en plus des bigoudis sur la tête.*)

387. *"Après ce que tu m'as fait aujourd'hui, n'y compte pas."* (*Vous vous retournez et vous vous endormez pendant que votre partenaire fait son examen de conscience pour trouver ce qu'il a bien pu vous faire. C'est un peu bas, mais la fin justifie les moyens. Bonne nuit et faites de beaux rêves.*)

388. *"Ma vasectomie n'est pas encore efficace."* (*Bonne excuse si vous avez pris la précaution de jeter tous vos condoms.*)

389. *"J'ai vu mon amant cet après-midi et j'ai été comblée."* (*Pour couples ouverts ou en instance de divorce.*)

390. *"J'ai mes règles."* (*Il faudrait voir, mesdames, à ne pas utiliser cette excuse plus d'une fois par mois.*)

391. *"Mon coup de soleil me fait trop mal."* *(Les joies de la plage ont leur prix...)*

392. *"Je suis sur appel, ce soir, et j'ai la hantise d'être dérangé par le téléphone au beau milieu de nos ébats."* *(Il n'y a pas de sots métiers, mais quand même...)*

393. *"Je dois encore étudier."* *(Mais c'est qu'il faut le mériter ce fameux diplôme!)*

394. *"J'ai trop mangé."* *(Il faut choisir entre les plaisirs de la table et ceux du lit!)*

395. *"Attends deux ou trois jours, ce sera meilleur."* *(Des promesses, des promesses!)*

Pour n'être pas rentré souper

Un des nombreux éléments nécessaires au maintien de l'harmonie dans un ménage est bien la ponctualité. Quoi de plus désagréable que de préparer un repas pour deux et de devoir le manger seule après des heures d'attente et d'inquiétude. Aussi, un mari qui "passe en dessous la table" doit avoir une bonne excuse en réserve, car son épouse a eu tout le temps nécessaire pour ruminer une attaque des plus énergiques.

* * *

396. *"J'ai manqué mon train."*

397. *"Il y a eu une panne d'ascenseur et je suis resté coincé pendant deux heures."* *(Là, votre épouse va sûrement se montrer très curieuse afin de savoir si vous étiez coincé seul dans cet ascenseur ou avec une ravissante blonde... Soyez prêt à* *répliquer sans hésiter que vous étiez pris avec une vieille chèvre.)*

398. *"Nous avons eu une réunion syndicale qui s'est prolongée."*

399. *"Je suis allé à ma première réunion des A.A." (Ce n'est pas le moment de faire une scène à votre ivrogne de conjoint, car il mérite d'être encouragé. Sachez cependant que s'il persiste dans cette voie il y aura encore beaucoup d'autres repas à l'eau; de quoi vous faire regretter le bon vieux temps où il s'adonnait à l'alcool.)*

400. *"Quelqu'un s'est blessé et je suis allé à l'hôpital avec lui." (Comment reprocher quoi que ce soit à un bon Samaritain...)*

401. *"Mon avion a été retardé." (Bonne excuse, car tout le monde qui a tant soit peu voyagé sait qu'il n'y a rien de moins ponctuel qu'un avion.)*

402. *"J'ai fait une petite visite à ma mère et elle a insisté pour me garder à souper." (Pour ceux qui n'ont pas encore coupé le cordon ombilical.)*

403. *"J'ai rencontré un vieil ami et nous avons pris un pot ensemble." (Vous savez ce que c'est, la rencontre impromptue, les souvenirs de collège et tout le tralala. On ne va quand même pas rompre le charme de l'instant en téléphonant à sa bonne vieille pantoufle de femme...)*

404. *"J'ai eu des problèmes avec la voiture." (Si vous avez un modèle qui commence à prendre de l'âge, ça passera mieux. Parlez de transmission, de carburateur ou de système d'allumage; elle n'y verra que du feu!)*

405. *"Nous avions beaucoup de points à l'ordre du jour du conseil." (Excellente excuse pour les gros bonnets qui siègent sur de nombreux conseils d'administration.)*

406. *"J'avais encore des clients au bureau." (Pour professionnels et gens d'affaires. Comme les secrétaires quittent tôt, personne* ne peut répondre au téléphone; d'autre part, vous ne pouvez quand même pas, devant vos clients, appeler chez vous pour vous excuser. De quoi ça aurait l'air?)

407. *"J'ai dû prendre le quart de travail d'un employé qui était en retard." (Rien ne doit arrêter la chaîne de production...)*

408. *"Avec la tempête, impossible de circuler."*

409. *"Comme j'ai fini plus tard, j'ai décidé de laisser passer l'heure de pointe pour rentrer." (Avec cette excuse, votre conjoint va peut-être vous demander votre emploi du temps. Si vous voulez éviter les raz-de-marée, soyez vague!)*

410. *"Il y a eu un embouteillage monstre et j'ai été bloqué plusieurs heures." (Si, de plus, vous êtes franchement de mauvaise humeur, la discussion ne devrait pas être très longue...)*

411. *"J'ai été appelé pour une urgence."*

412. *"On a eu une petite fête surprise pour le départ d'un collègue." (Une blague en attire une autre, un verre en appelle un autre, et pas de gendarme en jupon pour vous rappeler à l'ordre.)*

413. *"Nous avons eu des ennuis techniques qui ont ralenti toute la production."*

414. *"J'ai dû raccompagner mon patron, sa voiture est au garage." (Il habite la banlieue, ça a pris des heures pour faire l'aller-retour. Comme il y va de la sauvegarde de votre emploi, on vous félicitera.)*

415. *"C'était mon initiation chez les francs-maçons." (Comme tout ce qui entoure ces sociétés est plutôt secret, vous n'aurez aucun détail à donner sur la nature de cette initiation.)*

416. *"La police m'a conduit au poste pour une vieille contravention impayée que j'avais oubliée." (En plus d'être une bonne excuse, ceci vous permet, si vous avez de petits moyens, de soustraire une bonne cinquantaine de dollars du budget familial pour votre petite caisse personnelle!)*

417. *"Je suis allé au cinéma et le film était tellement ennuyeux que je me suis endormi."* (*Voilà une excuse bien ronflante. Mais au moins, trouvez un titre de film; ça passera mieux...*)

418. *"On a remorqué ma voiture pour le déneigement et j'ai passé des heures à la chercher."* (*Les joies de l'hiver: deux bonnes heures occupées en toute liberté!*)

419. *"Je suis allé me faire vasectomiser; je voulais te faire une surprise."* (*Pour ceux qui changent leur familiale pour une sportive... Madame sera sans doute enchantée.*)

420. *"Je suis allé donner du sang à la Croix-Rouge et j'ai eu un malaise."* (*Excuse idéale pour les petites natures avouées.*)

421. *"Nous avions une réunion spéciale au club."*

422. *"J'ai dû livrer un colis à notre succursale en banlieue."* (*Vous savez, ce colis de dernière minute qu'il faut absolument livrer au diable vauvert, sans quoi la compagnie s'écroule.*)

423. *"Je changeais de bureau aujourd'hui et il m'a fallu déménager toutes mes affaires."*

424. *"J'ai un ami qui a des problèmes conjugaux et je suis allé prendre un café avec lui pour lui remonter le moral."* (*N'abusez pas, car un jour prochain ce pourrait être vous qui soyez aux prises avec des problèmes semblables.*)

425. *"J'ai fumé mon premier joint et je ne me sentais pas en état de conduire."*

426. *"J'ai eu une promotion et on est allé fêter ça."*

Pour avoir été infidèle

Il n'est pas question ici, nos lecteurs le comprendront, de promouvoir l'infidélité et la discorde, ou ce fléau des temps modernes qui résulte de l'une et de l'autre: le divorce. Mais quand l'infidélité se produit et que le coupable se fait prendre, quoi de plus naturel que de vouloir minimiser les dégâts? C'est même un devoir que de préserver, par les arguments même les plus démagogiques, la cohésion de la cellule familiale en ces moments houleux.

Même s'il est hautement condamnable de commettre l'adultère, il reste grand, louable, noble et généreux de tâcher de s'en excuser. Une fois le bon moment passé, on a tout loisir d'en rejeter la faute sur soi, son conjoint ou la "méchante personne" qui, au dire de l'infidèle, "n'était pas si bien que ça", de dire que, tout compte fait, "nous deux, c'est beaucoup mieux", qu'il n'y avait aucune implication sentimentale, bref, qu'il n'y a pas là de quoi fouetter un chat.

Il va sans dire que la pauvre victime de l'infidélité a tout intérêt, si elle n'opte pas pour la rupture immédiate, à pardonner et à revenir le moins possible sur l'événement, car elle ne connaît pas le jour où, les rôles étant inversés, c'est elle qui aura besoin de la compréhension de son conjoint. Après tout, elle est tout de même un peu privilégiée car, s'il lui arrivait de succomber à son tour, elle le ferait avec moins de culpabilité et l'esprit plus en paix, puisqu'elle aurait été la première offensée.

En conclusion, à tout péché miséricorde, car la chair est faible.

* * *

427. *"Je n'ai pas fait ma vie de célibataire." (Pour utiliser cette excuse, il vaut mieux avoir été très discret sur son passé ou s'être marié vraiment très jeune.)*

428. *"J'avais bu."*

429. *"J'ai eu un moment de faiblesse." (Le sexe fort serait-il moins fort qu'il le prétend?)*

430. *"Je ne savais pas comment m'en défaire."*

431. *"Je m'ennuyais de toi."* (*Ici, malgré les apparences, c'est tout le contraire du "loin des yeux, loin du coeur".*)

432. *"J'ai besoin de changement pour nourrir ma créativité."* (*À force de créer de cette façon, on peut finir par procréer...*)

433. *"Ce n'est pas normal pour un homme d'être monogame."* (*Excuse sexiste et macho. Si elle convient à votre image, allez-y, votre partenaire n'en sera pas surprise, mais si c'est une féministe passionnée, gare à vos cornes...*)

434. *"C'était trop tentant."* (*C'est sûr que l'enfant seul dans le magasin de bonbons risque d'en croquer quelques-uns.*)

435. *"Tu m'as habitué à trop d'érotisme, c'est un peu de ta faute."* (*Excuse vache, car tout cet emballage d'érotisme n'avait d'autre but que d'enchaîner l'autre à soi!*)

436. *"Un changement de main, ça fait du bien."* (*À manipuler avec prudence!*)

437. *"C'est de ta faute, tu manques de sensualité."* (*Excusez-vous en culpabilisant l'autre, ça l'occupera!*)

438. *"C'est le printemps et je suis une forte nature."* (*Cher conjoint, il ne vous reste plus qu'à en prendre votre parti. À moins d'un gros changement, le printemps revient chaque année!*)

439. *"Tu me négligeais depuis quelque temps."*

440. *"C'est bon pour notre couple."* (*Comme certains médicaments: très mauvais au goût et difficile à avaler. Mettez-y un peu d'enrobage sucré, ça passera mieux, mais ça ne sera quand même pas un bonbon.*)

441. *"Qu'est-ce qui me dit que toi-même ne l'as jamais fait?"* (*Allez-y, avouez-lui que vous l'avez cocufié au moins vingt fois avec ses meilleurs amis, ça lui fera les pieds!*)

442. *"Je te suis fidèle, mais tu n'as pas l'exclusivité." (Les philosophes apprécieront la nuance...)*

443. *"J'avais quelque chose à vivre."*

444. *"J'en avais envie." (Une excuse qui résume, somme toute, toutes les autres.)*

445. *"J'étais curieuse de voir d'autres hommes de plus près." (Pour celles qui ont un intérêt profond pour l'anatomie masculine!)*

446. *"J'avais besoin de savoir quels sentiments j'éprouvais pour cette personne." (Il n'y a rien comme d'aller à la source pour être bien renseigné.)*

447. *"J'avais besoin de savoir si je pouvais encore séduire." (Cette excuse est idéale pour ceux qui vivent la ménopause ou l'andropause, et dont les charmes semblent à la baisse...)*

448. *"Depuis qu'on a des enfants, tu ne t'occupes plus assez de moi." (Cette excuse est valable surtout pour l'homme, car nous savons que le plus grand bébé de la famille c'est généralement lui.)*

449. *"J'étais gêné de refuser." (Voyez jusqu'où peut mener un manque de personnalité!)*

450. *"Je suis possédé par le démon du midi, ça ne devrait pas durer." (Une bien mince consolation.)*

451. *"Elle avait besoin d'un homme expérimenté pour l'initier aux joies de la chair." (Quel sens aigu du bénévolat...)*

452. *"Elle m'a envoûté, je n'étais plus moi-même." (Quand l'occultisme vient au secours des fesses!)*

453. *"Tout ça s'est produit si vite." (Selon Einstein, le temps étant une mesure relative, il se contracte ou se dilate selon les conditions, tout comme certains organes du corps humain en contact avec d'autres. Est-ce cela la théorie des champs unifiés?...)*

454. *"Je suis nymphomane!" (Voici la meilleure excuse pour les femmes qui ont vraiment décidé de s'en payer une tranche; il paraît que le remède est justement la maladie, allez-y voir!)*

455. *"C'était un rite d'initiation tantrique, tu ne dois rien y voir de mal." (Pour couples faisant une grande consommation d'encens.)*

"J'engraisse parce que j'ai un travail sédentaire."

Pour être obèse

Bien que l'obésité soit un sujet tabou et que le plus élémentaire savoir-vivre nous empêche d'aborder la question en leur présence, les obèses eux-mêmes, il faut leur en être reconnaissant, s'empressent généralement d'en parler. Cela procède sans doute de l'importance que revêt dans leur vie le fait d'être gros.

Quoi qu'il en soit, les obèses abordent le sujet presque infailliblement pour excuser leur état ou tenter de le minimiser, comme si le fait d'en parler leur faisait perdre quelques kilos. Et puis, ils savent qu'ils peuvent toujours tabler sur notre délicatesse et entendre dans notre bouche la phrase qu'ils chérissent tant: "Bien non, tu n'es pas si gros que ça."

Toujours est-il qu'une fois établi le fait que vous êtes gros, si vous n'avez pas l'intention de maigrir, il peut être avantageux pour vous de choisir une bonne excuse. Il vous est recommandé d'en adopter une et de vous y tenir et ce, vous le comprendrez, pour des raisons de crédibilité. À vous de choisir dans la liste suivante celle qui vous va comme un gant; un gros gant, est-il besoin de le préciser?

* * *

456. *"Je ne comprends pas pourquoi j'engraisse, pourtant je mange très peu." (Mais ne rajoutez pas que vous avez un appétit* *d'oiseau, car on pourrait vous ressortir la vieille blague du condor de 200 kilos!)*

457. *"Je crois que j'ai un problème glandulaire."* *(Très bonne excuse déculpabilisante. Au dire des experts, l'essayer c'est l'adopter.)*

458. *"Ça en fait plus à aimer."* *(Très sympathique, surtout pour les gros nounours affectueux...)*

459. *"Big is beautiful."* *(Les Américains ont popularisé cette expression, et pour cause...)*

460. *"Tu aurais dû voir, le mois dernier, comme j'avais maigri."* *(Mais c'est quand même dommage qu'on ne soit jamais là quand ça se produit!)*

461. *"Je manque de volonté avec toute cette publicité qui me donne envie de manger."* *(Péché avoué est à moitié pardonné.)*

462. *"Les régimes, ça n'a pas l'air de fonctionner avec moi."* *(Si vous utilisez cette excuse, attendez-vous à une réplique du genre: "C'est sûr qu'il ne suffit pas de les lire!")*

463. *"Je fais de l'obésité nerveuse."*

464. *L'obésité, chez nous, c'est hériditaire."* *(Il y a des familles où l'on mange beaucoup, de père en fils.)*

465. *"Je manque d'affection et je compense avec la nourriture."*

466. *"L'odeur de la nourriture me fait engraisser."* *(Excuse particulièrement aimée des cuisiniers qui, comme chacun sait, ne goûtent jamais à leur popote!)*

467. *"Je fais de la rétention d'eau."* *(Ne le criez pas sur les toits, on pourrait vous en augmenter le montant de votre taxe d'eau!)*

468. *"Mon mari m'aime comme ça."* *(Il est recommandé d'utiliser cette excuse en l'absence du mari, ainsi est-il incapable de dire s'il est heureux ou non d'avoir gagné "le gros lot"!)*

469. *"Je suis dans les Weight Watchers et j'ai déjà perdu vingt kilos, vous savez." (Avec cette excuse, on vous félicitera chaleureusement, même si vous êtes toujours un gros paquet!)*

470. *"Depuis que j'ai arrêté de fumer, je ne cesse d'engraisser." (Il faut bien occuper sa bouche à quelque chose.)*

471. *"Les obèses ont meilleur caractère." (Il vaut mieux ne pas discuter cette allégation avec eux, car ils sont généralement très susceptibles!)*

472. *"Pour faire l'amour, c'est plus confortable qu'un sac d'os." (Évidemment, tout dépend du point de vue où on se place!)*

473. *"J'ai beaucoup mangé en vacances." (Du moment que l'on passe aux douanes, où est le problème?)*

474. *"J'étais sur la bonne voie, mais avec le temps des fêtes, tu comprends..." (Ah, que voulez-vous, il y en a qui ont la nostalgie du Père Noël et qui finissent par lui ressembler!)*

475. *"À mon âge, ce n'est pas bon de maigrir trop vite."*

476. *"J'engraisse parce que j'ai un travail sédentaire." (Si vous avez un gros postérieur carré et abondamment garni de cellulite, cette excuse est pour vous.)*

477. *"Je n'ai pas les moyens de remplacer ma garde-robe." (Excuse à moitié vraie seulement, car avec un de vos vêtements actuels on pourrait vous en confectionner au moins deux, et vous ne seriez plus obligée de décrocher vos tentures pour faire vos robes du soir!)*

478. *"Quand j'étais enceinte, je mangeais pour deux, mais je n'ai pas pu m'arrêter." (Ou l'histoire d'une grossesse qui finit en grosses fesses...)*

479. *"Mon ami est un as de la cuisine." (Qu'est-ce que vous attendez pour lui faire visiter votre chambre à coucher?)*

Pour avoir oublié un anniversaire

On a beau avoir atteint une certaine maturité et prétendre que l'on ne tient plus à ce que l'on célèbre son anniversaire, il reste toujours un petit côté enfantin dans la personnalité de chacun de nous. Aussi, s'il vous arrive, pour une raison ou pour une autre, d'oublier l'anniversaire d'un être cher, soyez prêt à vous en excuser.

*   *   *

480. *"J'ai essayé de te rejoindre à plusieurs reprises, mais la ligne était toujours occupée."*

481. *"Je ne me souvenais plus du tout de la date." (Si vous utilisez cette excuse, il est possible qu'on vous offre un agenda à votre prochain anniversaire, si toutefois on y pense...)*

482. *"Je sais que tu n'aimes pas vieillir, aussi ai-je pensé te faire davantage plaisir en passant ton anniversaire sous silence." (Votre intention semblera louable, mais ne croyez pas qu'elle vous attire des remerciements, tout au plus une bonne discussion philosophique sur le fait de vieillir...)*

483. *"Je ne t'ai pas souhaité ton anniversaire, car je voulais t'organiser une surprise-party ce week-end, mais puisque tu le prends de cette façon..." (J'espère que vous avez sous la main quelques personnes ressources qui se feront un plaisir de venir fêter l'oublié; cela aurait été quand même tellement plus simple d'y penser.)*

484. *"Le temps passe tellement vite, je ne pensais pas qu'on y était déjà." (Si vous êtes du genre très occupé, cette excuse, accompagnée d'un petit cadeau bien choisi, sera la bienvenue.)*

485. *"As-tu reçu mes fleurs? Pourtant je les ai commandées moi-même hier matin..." (Avec cette excuse vous parez les coups avant qu'ils ne viennent, car la meilleure défense reste toujours l'attaque!)*

486. *"J'y ai pensé toute la semaine, mais hier, comme un fait exprès, ça m'est complètement sorti de la tête." (Il y a parfois des situations où il vaut mieux paraître écervelé qu'ingrat!)*

487. *"Je pensais que les anniversaires t'importaient peu, puisque c'est toi-même qui as oublié le mien, l'an dernier." (Usez de tact en vous servant de cette excuse, car elle pourrait faire dégénérer la situation en querelle de ménage et là, ce serait vraiment "votre fête"!)*

488. *"Un anniversaire c'est un jour comme un autre. Tout ça n'est qu'une vaste exploitation commerciale." (Voilà qui est dit! Votre partenaire ne s'attendra plus à des attentions spéciales le jour J, mais, de grâce, ne faites pas le bébé quand ce sera votre tour!)*

489. *"Tu sais bien que je n'attends pas ton anniversaire pour te gâter." (Excuse un tantinet machiavélique, car l'autre est renvoyé à lui-même pour chercher de quelle façon il a bien pû être gâté. Mais l'humain se contente de si peu qu'il finira bien par trouver!)*

490. *"Dans notre religion, on fait fi de ces pratiques païennes." (Une excuse idéale pour ceux qui prennent la Bible à la lettre.)*

Pour ne pas rendre visite
à quelqu'un à l'hôpital

L'hôpital est, par définition, un endroit où il ne fait pas très bon vivre. Même si on n'y fait généralement que passer, le séjour semble toujours trop long, pour ne pas dire interminable. Comme l'hôpital est l'antre de la maladie et de la mort, il répugne à la plupart des gens d'y aller, sachant qu'ils y séjourneront tôt ou tard. Et si un parent ou un ami a l'infortune de devoir vivre dans ces lieux malsains, le premier réflexe est de se chercher une bonne excuse pour éviter la corvée d'aller le visiter.

* * *

491. *"Ça me déprime de voir tous ces gens malades."*

492. *"L'odeur de l'hôpital me donne la nausée."* (*Bonne excuse pour les petites natures, celles qui s'évanouissent à la vue du sang ou d'une aiguille.*)

493. *"Quand il y a trop de visiteurs, ça fatigue le malade."* (*Et comme vous êtes du genre à vous sacrifier, vous laissez la chance aux autres. Quelle générosité!*)

494. *"Je ne supporterais pas de le voir dans cet état."* (*Encore une force de la nature!*)

495. *"Je n'ai pas le temps en ce moment. J'irai plutôt le voir chez lui pendant sa convalescence."* (*Avant d'utiliser cette excuse, assurez-vous que la personne n'est pas en phase terminale d'un cancer généralisé. Si tel était le cas, on pourrait vous prendre pour un sinistre farceur.*)

496. *"Je préfère lui téléphoner. Ce sera plus divertissant pour elle."* (*Si vous êtes du genre "bulletin de nouvelles de six* heures" et que vous avez une voix radiophonique, cette excuse est pour vous. Après tout, c'est bien moins pénible de donner un petit coup de téléphone que de se déranger après une dure journée de travail!)

497. "J'ai de la difficulté à trouver une gardienne à l'heure des visites." (Voici l'un des rares bons aspects de l'"élevage" des marmots!)

498. "J'aimerais bien y aller, mais je n'ai personne pour me conduire." (Bonne excuse pour les personnes en situation de perte d'autonomie réelle ou simulée...)

499. "J'ai peur de me perdre dans l'hôpital." (Une excuse de perdu?...)

500. "Je ne me sens pas très en forme ces temps-ci, et j'aurais peur d'attraper quelque chose." (Avec tous ces virus qui courent plus vite que vous, on ne sait jamais.)

501. "Je suis en brouille avec ma belle-soeur et je ne voudrais pas la rencontrer." (Vous pourriez être obligé de vous réconcilier; quelle plaie!)

502. "J'ai la grippe et je ne voudrais pas la lui donner." (Excuse pour les naïfs qui croient que les hôpitaux sont exempts de microbes, alors qu'ils sont le haut lieu de leurs rencontres au sommet.)

503. "Il y a trop de gens qui fument dans les chambres, ça m'incommode." (Ce n'est pas plus drôle pour le malade.)

504. "Dans l'état psychologique où je suis, j'ai peur de le déprimer davantage."

505. "Je n'ai pas d'argent pour lui apporter un cadeau." (Voilà bien la preuve que vous-même n'en êtes pas un!)

Pour refuser de sortir avec quelqu'un

On ne peut pas empêcher un coeur d'aimer, c'est bien vrai. Mais, il est aussi vrai qu'on ne peut pas forcer quelqu'un à aimer. C'est la coexistence de ces deux principes qui produit la situation suivante: Une personne vous invite à sortir avec elle, et pour une raison ou pour une autre, l'aventure ne vous inspire rien qui vaille. Bien que vous entreteniez une sincère amitié avec cette personne, l'idée même de sortir avec elle vous répugne.

En pareille circonstance, il va sans dire que le plus grand tact s'impose, car il est facile de blesser à jamais un coeur qui, après tout, n'a eu d'autre tort que de vouloir se rapprocher du vôtre. Aussi, la personne soucieuse, pour des raisons humanitaires, de ménager les sentiments de l'autre n'hésitera pas à faire usage d'une des excuses suivantes.

* * *

506. *"Je suis marié et je suis fidèle." (Dans un tel cas, le grand avantage du mariage, c'est qu'on peut s'en servir comme d'un épouvantail pour faire fuir les corneilles.)*

507. *"Je suis amoureuse." (Voilà bien l'excuse parfaite, propre à décourager tous les prétendants à votre coeur.)*

508. *"Je suis en deuil." (Cette excuse jettera un froid de mort sur votre conversation. Si toutefois il n'en était pas ainsi, invitez la personne à sortir avec vous au cimetière, elle devrait comprendre!)*

509. *"J'aime mieux garder notre relation sur le plan amical." (Ne donnez pas plus de détails, car, en général, un petit rien suffit à dissuader les amours naissantes...)*

510. *"J'ai déjà fréquenté une femme comme vous, et je me suis trop attaché."* (Excuse élégante qui fera regretter à la dame d'être arrivée un peu tard dans votre vie...)

511. *"Je vous trouve très charmant, mais vous n'êtes pas mon genre."* (Cette excuse ne coûte pas cher, un petit compliment, doublé d'un jugement irrémédiable définitif et le tour est joué!)

512. *"Je ne me sentirais pas à l'aise, car nous sommes de milieux trop différents."* (Au besoin, sortez votre traité d'économie marxiste et parlez-lui pendant de longues heures de la lutte des classes.)

513. *"Nous avons une trop grande différence d'âge."* (Ici quelques années suffisent, en plus ou en moins. Mais si vous avez vraiment le goût de vous amuser, rajoutez quinze ans à votre âge réel, juste pour voir la tête du client.)

514. *"Je viens de vivre une peine d'amour, et je n'en suis pas encore revenu."* (Excuse idéale si vous avez la déprime imprimée sur le visage!)

515. *"Je n'ai pas les moyens financiers de sortir, car je suis très endetté."* (Cette excuse convient davantage à un homme. Et si la femme se propose d'assumer vos dépenses, sortez votre orgueil mâle des boules à mites et dites clairement que vous n'êtes pas un gigolo...)

516. *"Je fais des études parallèlement à mon travail et je n'ai pas de temps à consacrer aux sorties."* (C'est sûrement un bon parti, mais il est déjà très pris, ceci dit sans parti pris!)

517. *"J'aime mieux sortir seul et conserver ma liberté."* (Pour ceux dont la devise est: "Liberté, Égalité, Sexualité"!)

518. *"J'ai pour principe de ne jamais sortir avec les collègues de travail."*

Pour ne pas aller au salon funéraire

Bien que les salons funéraires aient la réputation d'être les endroits où l'on puisse entendre les meilleures blagues, il existe des gens qui en ont une sainte horreur. Ces personnes ne savent pas ce qu'elles manquent. En effet, outre les plaisanteries qu'ils permettent d'entendre, les salons funéraires demeurent l'endroit idéal pour une rencontre de la famille au grand complet. De plus, on a le plaisir d'y entendre les sempiternelles remarques du genre: "Il est parti vite", "Il n'a pas changé", "Ils l'ont bien arrangé", "Ses problèmes sont finis", etc.

Quoi qu'il en soit, ceux qui se tiennent systématiquement à l'écart de ces ultimes rassemblements ont toujours une bonne excuse à fournir. Nous avons pensé qu'il pourrait être amusant d'en dresser une liste, question d'alimenter la discussion durant les moments creux de votre prochaine veillée funèbre.

* * *

519. *"Je préfère garder un souvenir de lui du temps qu'il était encore vivant." (Qui oserait vous reprocher de préférer les vivants aux morts? En tout cas, le défunt, lui, en est bien incapable.)*

520. *"Je n'ai pas de vêtements de deuil." (Il n'est pas toujours facile de s'habiller pour un deuil. Il faut en général un vêtement sombre, terne, sans fantaisie, pour ainsi dire lugubre. Tout le contraire de ce qui entre dans la composition d'une garde-robe de bon goût...)*

521. *"Il est mort, un point c'est tout! De toute façon, ça ne le ramènera pas à la vie." (Pour les personnes dont le sens pratique a prépondérance sur l'émotivité.)*

522. *"Je suis contre l'exploitation commerciale de la mort."* *(Il paraît même que dans ce genre de commerce il n'y a pas de saison morte, et comme par cynisme le glas peut aussi bien sonner par beau temps que par temps de verglas!)*

523. *"Les salons funéraires, ça me rend nerveux et ça me donne le fou rire."* *(Bonne excuse, même si c'est l'endroit idéal pour mourir de rire!)*

524. *"J'ai peur des morts."* *(Pauvre de vous, soyez assuré que les humains sont beaucoup plus inoffensifs morts que vivants; la preuve en est qu'un mort vient rarement vous tirer les orteils dans votre lit, alors qu'il se l'était bien promis...)*

525. *"Nous nous fréquentions peu de son vivant, ce serait de l'hypocrisie que d'aller le voir une fois mort."*

526. *"Je crois que la mort est un événement heureux, et ça m'attriste de voir tous ces gens se morfondre en pleurs."* *(Bonne excuse pour ceux qui se sentent jovialistes!)*

527. *"Je ne peux pas supporter l'odeur des fleurs et de l'embaumement."* *(Avouons-le, la mort est une chose que peu de gens peuvent sentir. Ces mélanges d'odeurs de corps en décomposition, de formol et de fleurs forment une synthèse que seuls Dracula et ses semblables sont en mesure d'apprécier à sa juste valeur...)*

528. *"Ça m'embarrasse, car je ne sais jamais quoi dire quand il s'agit de présenter mes condoléances."* *(Si vous êtes incapable de dire: "Il est parti vite", restez donc chez vous, car personne n'aime les trouble-fête!)*

529. *"Je trouve tout ce cirque grotesque et incompatible avec l'attachement qu'on peut éprouver pour quelqu'un."* *(En effet, quoi de plus ridicule que de voir tout ce beau monde s'émouvoir devant un buffet froid?)*

Pour décliner une invitation

Si vous êtes du genre pantouflard, vous êtes constamment menacé par une invitation à un dîner ou à une soirée. Bien que la plupart des gens se réjouissent de ce genre d'invitation, elle est pour vous une source d'embarras et de contrariété. L'idée même de devoir quitter votre domicile après une semaine de travail vous répugne.

Dites-vous bien que personne n'a le droit de vous arracher à votre confort casanier et défendez-le coûte que coûte en ayant recours à l'une des excuses suivantes.

* * *

530. *"J'ai tellement de travail en retard que j'ai dû en emmener chez moi pour le week-end; il n'est donc pas question de sortir." (Bonne excuse pour l'étudiant ou celui qui travaille dans un bureau; très mauvaise excuse, par contre, pour l'entrepreneur de pompes funèbres!)*

531. *"Je suis déjà invité à une autre soirée le même jour." (Combattez les invitations par les invitations.)*

532. *"Un de mes enfants est malade, et je n'ai pas la tête à festoyer."*

533. *"La météo s'annonce idéale, je dois en profiter pour planter mes légumes."*

534. *"Ma gardienne ne peut pas venir." (Pour utiliser cette excuse, il est préférable d'appeler à la dernière minute; de cette façon, il sera plausible que vous n'ayez pas d'autre solution que de rester chez vous.)*

535. *"Nous avons organisé une démonstration de produits de beauté à la maison."*

536. *"Je prends des médicaments et je ne peux ni conduire ni consommer d'alcool." (Bonne excuse pour ceux qui s'adonnent aux pilules et se paient un* trip *à peu de frais, sans sortir de chez eux...)*

537. *"On nous a conseillé de vivre en ermites pour un certain temps, afin de consolider notre couple." (Pour ces couples qui font une grande consommation de thérapie de groupe...)*

538. *"Nous sommes en deuil." (Quand la mort vient au secours des vivants!)*

539. *"Nous avons eu beaucoup de dépenses imprévues cette semaine, et notre budget sortie est à sec."*

540. *"Je garde les enfants de ma voisine."*

541. *"Nous revenons de vacances et nous avons besoin de récupérer."*

542. *"Je ne veux voir personne, car je suis en semaine de méditation." (Bonne excuse pour ceux qui craignent le loup-gourou!)*

543. *"Avec le temps qu'il fait, les routes sont trop dangereuses."*

544. *"J'attends une livraison d'un grand magasin." (N'utilisez cette excuse que pour les jours et les heures ouvrables, sans quoi vous auriez l'air d'un campagnard qui débarque en ville et, bien sûr!, d'un menteur.)*

545. *"Notre auto est au garage."*

546. *"J'attends un appel très important." (Pour ces funambules modernes qui vivent suspendus au fil du téléphone!)*

547. *"Je dois me coucher tôt, car j'ai quelque chose de très important le lendemain."*

Pour ne pas prendre un appel

Supposez que vous deviez une somme d'argent à quelqu'un et que vous ne soyez pas en mesure de la rembourser. Votre prêteur tente, depuis quelques jours déjà, de vous joindre par téléphone pour exiger son dû. Vous risquez de passer un mauvais quart d'heure... Le mieux à faire, c'est de demander à votre conjoint de répondre au téléphone et de dire, si c'est le prêteur en question qui appelle, que vous ne pouvez pas venir à l'appareil pour une des raisons suivantes.

* * *

548. *"Elle est dans son bain."* (*C'est vraiment la première excuse qui vient à l'idée; et l'eau, tout en étant un bon conducteur, devient dans ce cas un excellent isolant...*)

549. *"Il est en train de laver la voiture."*

550. *"Elle est allée faire l'épicerie."* (*Ce n'est pas parce qu'on a des dettes qu'on doit s'arrêter de manger.*)

551. *"Il tond la pelouse."*

552. *"Il a une grosse laryngite, il est complètement aphone."*

553. *"Elle fait sa teinture à cheveux."*

554. *"Il enlève la neige dans l'entrée du garage."* (*Parmi les diverses excuses, voici une excuse d'hiver.*)

555. *"Elle a les mains dans la farine."* (*Bonne excuse tarte, n'en faites pas un plat!*)

556. *"Il est parti au garage."*

557. *"Elle est chez la voisine."*

558. *"Elle est partie à l'église."* (*Excuse idéale pour les dévotes, les bigotes et les grenouilles de bénitier. Anticléricaux et athées notoires, de grâce, prière de vous abstenir!*)

559. *"Il est au cabinet d'aisances."* (*L'ultime recours!*)

560. *"Elle est en train de rempoter ses plantes."*

561. *"Il est à la cour."* (*Bonne excuse pour ceux qui ont profession d'enquiquiner leur prochain!*)

562. *"Elle donne le bain aux enfants."*

563. *"Il fait ses comptes."* (*Ce n'est vraiment pas le moment de le déranger, car le budget familial risquerait de se retrouver comme les finances de l'État: dans le rouge!*)

564. *"Elle est partie chez la coiffeuse."*

565. *"Il est couché."* (*Le sommeil d'un homme, c'est sacré! On ne réveille pas quelqu'un pour lui parler de la pluie ou du beau temps, à moins qu'il ne soit météorologiste...*)

566. *"Elle est dans la piscine."*

567. *"Il étudie et m'a demandé de ne le déranger sous aucun prétexte."* (*C'est tranchant comme une lame de rasoir, fermé comme un gardien de prison; si la personne insiste, raccrochez-lui la ligne au nez...*)

Pour avoir menti à quelqu'un

Parmi toutes les catégories d'excuses, les excuses pour avoir menti présentent un problème particulier. En effet, quand on s'excuse d'avoir menti à quelqu'un, il faut être particulièrement convaincant, car l'excuse est la confirmation qu'on a menti, donc qu'on est un menteur. Voilà bien pourquoi il faut, autant que possible, faire ressortir que ce mensonge a été proféré à titre très exceptionnel, et que cette fois-ci il s'agit bien de la vérité. Assez bizarrement, pour obtenir de bons résultats, il peut parfois être utile de recourir à un autre mensonge plus plausible que la pure vérité. Si cela se produit, ditez-vous que vous n'en êtes pas à un mensonge près et récidivez avec une de ces menteries dont vous avez le secret.

* * *

568. *"Je ne voulais pas te faire de peine." (Comme disait le directeur du département de la voirie: "Le chemin de l'enfer est pavé de bonnes intentions.")*

569. *"Ce qu'on ignore ne nous fait pas de mal." (Mais le hic, c'est quand on l'apprend...)*

570. *"Je ne voulais pas te fatiguer avec ces considérations bassement matérielles..."*

571. *"J'avais peur que tu te fâches." (En plus de lui avoir menti, vous allez maintenant le faire passer pour un monstre. Comme diplomate, on fait mieux.)*

572. *"On m'avait demandé le secret." (Ici, il est question de trahison. La difficulté était de savoir qui trahir, et vous, de toute évidence, en personne malhabile, vous avez trahi les deux! Félicitations!)*

573. *"On s'est sûrement mal compris, je n'ai jamais dit ça." (Voilà une manoeuvre de maître. En effet, comment l'autre peut-il être vraiment sûr d'avoir bien compris? Les chances sont grandes qu'il finisse par se satisfaire de vos explications; il nourrira un certain doute, mais sans trop être sûr toutefois que vous n'avez pas raison.)*

574. *"J'étais sincère quand je t'ai dit ça; ce n'est que plus tard que je me suis rendu compte de mon erreur." (Bonne excuse. En effet, comment vérifier si quelqu'un s'est ou ne s'est pas trompé?)*

Pour s'être fâché contre quelqu'un

La patience, c'est un peu comme l'argent et l'intelligence, elle est bien mal répartie. Alors qu'il y a des personnes d'humeur égale, il y en a d'autres chez qui la moutarde n'est jamais bien loin du nez.

Si vous appartenez à la deuxième catégorie et que vous vous fâchez fréquemment, vous allez sûrement trouver avantage à lire les quelques excuses qui suivent.

* * *

575. *"Mes paroles ont dépassé ma pensée." (C'est la classique du genre.)*

576. *"Il y avait de l'orage dans l'air." (Puisque les orages agitent les enfants et les animaux, et font surir le lait, pourquoi n'auraient-ils pas une influence sur votre caractère vachement soupe au lait?)*

577. *"J'avais bu." (C'est bien connu, l'alcool rend l'homme semblable à la bête...)*

578. *"C'est mon sang irlandais..." (Cherchez bien dans votre arbre généalogique, vous le trouverez bien cet ancêtre irlandais à qui faire porter l'odieux de vos colères.)*

579. *"C'est mon tempérament latin." (À utiliser si, dans votre colère, vous faites usage de mots appartenant au langage liturgique.)*

580. *"Tu avais besoin d'une bonne leçon." (Soyez prudent avec cette excuse, car il y a risque de rouvrir la vieille dispute surtout s'il fait un temps d'orage, que vous avez bu, que vous avez du sang irlandais et un tempérament latin...!)*

581. *"J'étais à bout de nerfs." (Les nerfs, les nerfs...)*

582. *"Mon psychologue me conseille d'exprimer toutes mes émotions."*

583. *"J'avais mal compris."*

584. *"Je ne suis pas patient tant que je n'ai pas bu ma première tasse de café..."* (L'excuse préférée du caféinomane!)

585. *"J'étais nerveux, j'avais pris trop de café."* (L'excuse idéale pour les personnes que la caféine dérange.)

Pour boire

L'alcool pris avec modération fait sûrement partie de ce qu'il est convenu d'appeler les bonnes choses de la vie. Cependant, plusieurs ont peine à n'en prendre qu'une quantité raisonnable. Quand ils boivent, ils ne s'arrêtent qu'une fois saouls. Leur entourage, à moins d'avoir la même capacité d'absorption, aura tendance à leur reprocher leurs libations. C'est à ces moments-là qu'ils auront recours à une bonne excuse, pour se réinstaller dans cette habitude qui leur est si chère.

* * *

586. *"Il fait chaud."* (Bonne excuse pour le gros buveur de bière, vous savez, cet homme ventripotent que certains ont surnommé l'homme des tavernes, l'homme du gros bedon, l'homo bierus, cet homme qui vit toujours à l'âge de bière.)

587. *"Il fait froid."* (Pour ceux qui apprécient leur whisky pur.)

588. *"J'ai soif."* (Excuse fréquemment entendue dans l'entourage de l'homme éponge...)

589. *"J'ai travaillé fort, je l'ai bien mérité."* *(Excuse basée sur le principe de l'autogratification: un peu de travail, un peu d'alcool; beaucoup de travail, beaucoup d'alcool.)*

590. *"Il faut bien arroser ça."* *(Si l'on est d'une nature optimiste, on est presque sûr, en cherchant bien, de toujours trouver quelque chose à arroser, ne serait-ce que sa dernière cuite!)*

591. *"Je bois pour oublier."* *(Pour oublier quoi? "Je ne sais plus, je l'ai oublié!")*

592. *"C'est mon seul vice."* *(Espèce de vicieux, va!)*

593. *"Il faut bien décompresser un peu."* *(L'excuse préférée des étudiants qui en prennent "une bonne" après un examen.)*

594. *"Il faut bien profiter de ses vacances."* *(Quoi de plus agréable que de nager dans le* Piña Colada *ou le* Planter's Punch?)

595. *"L'alcool, ça conserve."* *(La preuve, regardez les prunes à l'armagnac, les cerises à l'eau-de-vie, les marrons au cognac et votre bonne poire de mari!)*

596. *"Je bois parce que je m'ennuie."* *(Qu'elle soit blonde ou brune, élancée ou rondelette, un ivrogne ne s'ennuie jamais en compagnie de sa bouteille!)*

597. *"Je conduis mieux quand j'ai bu."* *(Excuse utilisée par ceux qui, lorsqu'ils ont bu, ne se rendent plus compte à quel point ils conduisent mal...)*

598. *"J'aime le goût."* *(L'excuse préférée des "connaisseurs".)*

599. *"Ça me dégêne avec les femmes."* *(Attention, vous pourriez vous dégêner au point de devenir gênant!)*

600. *C'est bon pour l'âme.* *(Pour les grands blasés qui ont besoin de se réconcilier avec la vie...)*

601. *"Le Christ buvait, et il n'est pas mort de ça."* *(Pour ceux qui ont besoin d'une bonne caution morale...)*

602. *"Je veux voir si je suis capable de m'arrêter."* (*Pour un A.A. qui veut se prouver qu'il est guéri.*)

603. *"Ça met de l'ambiance dans une soirée."*

604. *"Ça me donne de l'inspiration."* (*Si vous croyez que cette excuse est fausse, vous seriez surpris d'apprendre combien de litres de bière il nous a fallu pour rédiger cet ouvrage.*)

605. *"Tout le monde boit."* (*Comme caution morale, l'excuse numéro 601 est nettement supérieure...*)

606. *"Ça relaxe."* (*C'est bien vrai! Il arrive même que ça relaxe les sphincters de l'urètre...*)

607. *"Ça me donne du* pep *dans mon travail."*

608. *"Je bois parce que je me fous de tout."* (*Excuse qui ne souffre aucune réplique!*)

Pour fumer

Les attitudes ont bien changé à l'égard du tabac. En effet, il n'y a pas si longtemps, les vrais mâles du cinéma étaient tous de gros fumeurs. Souvenons-nous d'Humphrey Bogart dans ses nombreux films, la cigarette au bec. Et que dire des grandes déesses du cinéma qui ne posaient jamais pour les journalistes sans leur fume-cigarette?

Aujourd'hui, il n'en est plus de même. Il s'est même développé dans la population des mouvements antifumeurs presque féroces. On trouve de plus en plus d'endroits publics où il est interdit de fumer parce que, dit-on, ça pollue l'atmosphère. Notre monde chimifié, nucléarisé et superpollué s'est trouvé un bouc émissaire: le tabac. Nous en sommes venus à devoir parfois nous excuser de nous en allumer une...

* * *

609. *"Il faut bien mourir de quelque chose."* (Par bravade, les fumeurs appellent parfois leurs cigarettes du nom morbide de clous de cercueil; comme quoi ils ont le sens de l'humour!)

610. *"Ça me calme les nerfs."* (Quand il faut choisir entre Valium et nicotine.)

611. *"La journée passe plus vite quand on fume."* (Elle s'envole littéralement en fumée!)

612. *"C'est mon seul vice."* (Encore un vicieux...)

613. *"Les fumeurs sont plus productifs."*

614. *"Ça me tient éveillé."* (Contestable, car de nombreux feux domestiques ont été allumés par des fumeurs qui se sont endormis, une cigarette à la main.)

615. *"Ça coûte moins cher que de boire."* (Pour ceux qui n'ont pas encore essayé un bon cognac avec une bonne cigarette...)

616. *"Les gens qui fument sont plus sociables."* (C'est bien vrai. Quand on manque de cigarette on est prêt à parler à n'importe qui, dans l'espoir de s'en faire offrir une!)

617. *"Mes amis fument."*

618. *"C'est mon seul plaisir."*

619. *"J'ai déjà arrêté et je me sentais moins en forme."*

620. *"C'est ma contribution volontaire aux taxes."* (Excuse pour fumeur responsable.)

621. *"Je continue de fumer parce que je ne veux pas devenir fanatique comme certains ex-fumeurs de ma connaissance."* (Si le chapeau vous fait...)

622. *"J'ai lu quelque part que c'était bon pour la santé."* (Vous êtes mieux d'être prêt à fournir vos références, sans quoi on ne voudra jamais vous croire.)

623. *"Je veux faire comme mes parents."* (Encore le mauvais exemple qui triomphe!)

624. *"C'est un signe de sensualité."*

625. *"Je suis incapable de m'arrêter."*

626. *"Fumer, c'est affirmer sa liberté."*

627. *"Ça m'aide à avoir de la patience avec les enfants."*

628. *"Ça m'enlève ma timidité en société."*

629. *"Quand on va dans des endroits où ça fume, c'est plus supportable si l'on fume soi-même." (Il faut combattre la cigarette par la cigarette...)*

630. *"Ça me permet de prendre une pause de temps à autre."*

631. *"Je fume, mais je peux m'arrêter quand je veux."*

632. *"Je ne suis pas encore décidé à arrêter."*

Pour être un raté

Qui a-t-il de plus pénible que d'être un raté? C'est d'être un raté et de se trouver en présence de gens qui ont réussi. Quel enfer! La seule chose à faire pour atténuer un peu le supplice est d'expliquer pourquoi vous vous retrouvez dans cette lamentable situation.

* * *

633. *"On ne m'a jamais donné ma chance."*

634. *"J'ai préféré me développer intellectuellement plutôt que matériellement." (L'excuse préférée des chômeurs instruits.)*

635. *"J'ai joué le tout pour le tout, et j'ai échoué."*

636. *"Tout ce que j'essaye rate systématiquement."* (C'est justement pourquoi vous êtes un raté; c'est mathématique! en tout cas, c'est français!)

637. *"Je suis l'objet d'un complot."* (Excuse pour ceux qui ont des tendances paranoïaques.)

638. *"J'ai le mauvais oeil."* (Même cette excuse risque d'être vue d'un mauvais oeil.)

639. *"Je n'ai pas eu la chance de m'instruire."* (Bonne excuse pour un raté ignorant qui ne sait même pas qu'il ne suffit pas, hélas, de s'instruire pour réussir.)

640. *"Je ne suis pas né dans la bonne famille."* (Allez-y, blâmez votre pauvre famille, mais de grâce, ne vous reproduisez pas!)

641. *"Je ne suis pas né à la bonne époque."* (Pas très fort comme excuse, car chaque époque a connu ses ratés. On ne peut malheureusement les citer, car ils n'ont pas l'habitude de passer à l'histoire...)

642. *"Je n'ai pas épousé la bonne personne."* (N'allez surtout pas divorcer pour cette raison, car il ne faut pas penser que "la bonne personne" vous épousera, vous, un raté.)

643. *"Je suis trop honnête."*

644. *"Je me suis fait voler mon idée."* (L'excuse type de l'inventeur qui n'a eu qu'une seule bonne idée dans sa vie.)

645. *"Je n'ai pas été encouragé."*

646. *"J'ai toujours été en avance sur mon époque."* (Pour les génies méconnus...)

647. *"J'attends ma chance."* (Bonne excuse pour les ratés en herbe, la graine de raté et les ratés en devenir!)

648. *"C'est à cause de ma couleur de peau."*

649. *"Mes parents m'ont trop couvé."* (Pour les ratés dans l'oeuf!)

650. *"Le yoga me suffit." (Pour ceux qui se contentent d'un peu de riz et d'un lit de clous.)*

Pour avoir réussi dans la vie

La réussite sociale est une chose tellement rare que ceux qui y accèdent se retrouvent souvent au milieu d'autres personnes qui n'ont pas cette chance, de sorte qu'ils finissent par se sentir mal à l'aise, eux qui sont pourtant très "à l'aise". Ils se sentent souvent obligés de justifier leur réussite avant même qu'on aborde le sujet.

* * *

651. *"J'ai été chanceux."*

652. *"J'ai été bien entouré." (On voit souvent ce type d'individu qui coiffe d'une auréole ceux qui l'ont aidé à se couvrir d'argent. Les compliments pour les autres, l'argent pour lui!)*

653. *"Je me suis fait moi-même."*

654. *"J'ai travaillé fort." (Ça doit être vrai, à en juger par votre teint verdâtre, vos poches sous les yeux et votre antique charpente d'Adonis qui commence à avoir l'air d'une ruine grecque.)*

655. *"J'ai été favorisé par les événements."*

656. *"Je me suis lancé dans la bonne ligne."*

657. *"Dieu m'a aidé." (Voilà qui est bien déprimant pour les autres, car en plus d'être des ratés, ils ont la défaveur de Dieu, ainsi Caïn qui s'en allait la mine bien basse cahin-caha...)*

658. *"Ma famille m'a beaucoup encouragé."*

659. *"J'ai été persévérant."* (*Excuse qui veut laisser un peu d'espoir aux ratés en les invitant à agir de même.*)

660. *"J'ai joui d'une conjoncture économique favorable."* (*Si la conjoncture économique s'en mêle, qui peut vous reprocher d'avoir réussi?*)

Chapitre VIII

Les excuses relatives aux voitures

"J'aime mieux avoir une Mercédès d'occasion qu'une Volkswagen neuve."

Pour avoir une vieille voiture

Une voiture neuve, c'est beau! Mais une voiture neuve, c'est cher... Si cher que c'est inaccessible pour un grand nombre de personnes. Pourtant, posséder une voiture est une priorité pour beaucoup; ils sont donc nombreux ceux à qui ne reste que le marché des voitures d'occasion. Cependant, n'allez pas croire qu'il s'en plaignent. Bien au contraire, ils font contre mauvaise fortune bon coeur et finissent par se convaincre qu'ils préfèrent les vieilles voitures aux voitures neuves.

* * *

661. *"De toute façon, une auto neuve devient vite une vieille auto."* *(Quand le gros bon sens parle, qui pourrait le contredire?)*

662. *"Les vieilles voitures sont mieux construites."*

663. *"J'aime bien bricoler dans mon auto."* *(Bonne excuse pour celui qui ne dédaigne pas de se faire des gants de beauté avec de l'huile à moteur. Cependant, son épouse va peut-être lui demander un jour s'il préfère coucher avec elle ou avec la voiture...)*

664. *"J'ai frappé une bonne occasion."* *(C'est tout de même mieux que si c'était l'inverse.)*

665. *"Mon copain est garagiste et j'ai toutes les pièces au prix de gros."*

666. *"Je n'aime pas laisser beaucoup d'argent dans la rue."*

667. *"Je vais la retaper et la revendre avec profit."* (*Pour celui qui a l'âme d'un artisan de la ferraille et les culottes de Henry Ford!*)

668. *"Comme je voyage sur toutes sortes de routes, si j'avais une auto neuve, j'aurais peur de l'abîmer."* (*À vous entendre, on se croirait au temps des chemins de terre et des chariots. Vous devez être un mordu des westerns à n'en pas douter!*)

669. *"J'aime mieux les anciens modèles."* (*On définit le fait de vieillir comme étant une incapacité à s'adapter à la nouveauté!*)

670. *"Avec une voiture d'occasion, le rodage est déjà fait."* (*Sûr! Et plus que le rodage!*)

671. *"Je connais la personne qui me l'a vendue."* (*Toute une référence!*)

672. *"Une auto neuve serait une dépense inutile pour l'usage que j'en fais."* (*L'excuse idéale pour les gens de l'âge d'or.*)

673. *"Avec les enfants et le chien, une voiture neuve aurait vite l'air d'une vieille voiture."*

674. *"Je fais du transport avec mon auto et j'aurais peur de l'abîmer si elle était neuve."*

675. *"Les autos neuves ne sont plus abordables."* (*Enfin, la vérité!*)

676. *"J'aime mieux mettre l'argent dans ma maison et avoir une vieille voiture."* (*Pour ceux qui préfèrent avoir pignon plutôt que pognon sur rue!*)

677. *"C'est une femme qui l'avait avant, alors, j'ai confiance."* (*Ici, par miracle, les femmes deviennent de bons chauffeurs. Quelle condescendance...*)

678. *"J'ai du flair pour l'achat des autos d'occasion."*

679. *"Je n'aime pas les nouveaux gadgets, ça brise tout le temps."*

680. *"Les gens jettent leurs choux gras; une voiture, quand on l'entretient bien, ça peut durer très longtemps."* *(Encore un Ti-Jos connaissant...)*

681. *"Mon beau-frère avait besoin d'argent; je l'ai eue pour trois fois rien."* *(C'est beau d'avoir le sens de la famille...)*

682. *"En achetant d'occasion, on ne s'endette pas."*

683. *"C'est celle-là que je voulais."* *(Les voitures, c'est comme les femmes, elles sont quelquefois irrésistibles...)*

684. *"J'aime mieux avoir une Mercédès d'occasion qu'une Volkswagen neuve."*

Pour avoir une voiture neuve

Avec le prix élevé des voitures neuves, plusieurs sont obligés de couper sur l'essentiel pour s'en procurer une. Aussi vont-ils souvent se sentir tenus de fournir une bonne explication sur l'établissement de leurs priorités.

Pour d'autres, l'achat d'une voiture neuve ne constitue qu'un mince chapitre de leur budget. Cependant, ils ne sont pas à l'abri de devoir s'expliquer. En effet, ils ont tendance à se sentir coupables d'avoir la chance de pouvoir s'offrir facilement ce que de nombreux autres désirent sans entrevoir la possibilité d'y parvenir.

* * *

685. *"Je voyage beaucoup et j'ai besoin d'une auto en bonne condition."*

686. *"C'est plus économique à cause de la garantie."*

687. *"Il faut que je fasse bonne impression sur mes clients."* (*L'art de péter plus haut que le trou!*)

688. *"C'est la compagnie qui me l'a fournie."*

689. *"C'est pas à moi, c'est loué."*

690. *"C'est mon comptable qui me conseille d'avoir une voiture neuve, à cause des impôts."* (*Qui osera passer au crible vos états financiers?*)

691. *"Je la revends à mon garçon au bout d'un an."* (*Pour les papas de fils à papa!*)

692. *"Les voitures neuves offrent plus de sécurité."* (*Si vous êtes pauvre, il ne vous reste qu'à risquer votre vie...*)

693. *"Ça consomme moins d'essence."* (*Pour celui qui s'est lancé à la recherche du chameau idéal.*)

694. *"Quand on achète une voiture d'occasion, on achète les problèmes des autres."* (*Pour ceux qui ont les moyens financiers d'être sages.*)

695. *"J'ai fait une bonne affaire."*

696. *"Je n'ai pas de temps à perdre au garage."* (*Pour les gros salariés dont le temps vaut quelque chose!*)

697. *"C'est plus propre."*

698. *"Je suis habitué, j'ai toujours acheté du neuf."* (*Pourquoi changer les bonnes habitudes, elles sont tellement difficiles à contracter!*)

699. *"Je profite des dernières innovations technologiques."*

700. *"J'encourage l'industrie automobile."*

701. *"Je ne veux pas attendre d'être mort pour profiter de mon argent."*

702. *"Le vendeur est un de mes clients, alors..."*

703. *"C'est peut-être ma dernière voiture neuve." (Pour les gens qui ne sont plus neufs?)*

704. *"Les voitures d'occasion sont presque aussi chères que les neuves."*

705. *"En achetant une auto neuve, on ne risque pas d'acheter une auto accidentée..."*

706. *"Je n'aime pas acheter les microbes des autres."*

707. *"Les autres automobilistes font plus attention à une voiture neuve."*

708. *"Je l'ai gagnée dans un concours." (Voilà bien l'excuse parfaite...)*

709. *"Ça va mieux pour draguer." (Espèce de vicieux!)*

710. *"Il faut bien que j'aie une auto neuve, car je ne voudrais pas faire monter une belle femme comme toi dans une vieille carlingue." (L'excuse d'un homme qui a besoin d'une contribution financière de son épouse pour s'acheter l'auto de ses rêves.)*

Pour avoir une petite voiture

Le prix de l'essence ayant augmenté d'une façon dramatique ces dernières années de très nombreux automobilistes se sont tournés vers le marché des petites voitures. Ils ont dû apprendre à vivre avec ce qu'ils qualifiaient, il n'y a pas très longtemps encore, de boîtes à sardines sur roues, de trottinettes et de pets d'autobus. Ils ont dû aussi, changeant de type de voiture, changer leur fusil d'épaule. Les temps ont vraiment évolué, car on peut aujourd'hui les entendre chanter les louanges de la petite auto.

711. *"C'est tellement plus facile de stationner avec une petite voi-ture."*

712. *"Une petite voiture, ça consomme moins d'essence."*

713. *"Ça se conduit mieux en ville."*

714. *"C'est moins cher à l'achat."*

715. *"C'est plus intime."* *(C'est vrai, si vous avez mangé des escargots à l'ail, tout le monde peut en profiter!)*

716. *"Pour une femme, c'est mieux."* *(Depuis des années on fait croire aux femmes qu'elles sont incapables de conduire de grosses voitures, qu'elles n'ont pas le sens des mesures et qu'elles auront de la difficulté à stationner; on a alors appelé les petites voitures des voitures de femmes. Est-ce parce que les hommes voulaient garder pour eux les grosses voitures?)*

717. *"Je suis seul, je n'ai pas besoin d'une grosse voiture."*

Pour avoir une grosse voiture

Malgré toutes les bonnes raisons dont la section précédente fait mention, certains tiennent mordicus à avoir une grosse bagnole. Sans doute préfèrent-ils rouler moins dans un plus grand confort, que parcourir de grandes distances dans ce qu'ils continuent d'ap-peler, eux, des boîtes à sardines sur roues, des trottinettes, des pets d'autobus, voire des tape-culs. On peut, à juste titre, appeler ces conducteurs des irréductibles de la grosse bagnole.

Écoutons-les, ensemble, chanter l'hymne à la grosse voiture...

* * *

718. *"J'ai une famille nombreuse."*

719. *"C'est plus confortable, quand on fait de la route."*

720. *"C'est plus sécuritaire."*

721. *"Comme nous sommes un peu obèses dans la famille, nous avons besoin d'une voiture spacieuse." (Bonne excuse pour les poids lourds ambulants!)*

722. *"Les grosses voitures, ça tient mieux la route."*

Pour ne pas avoir de voiture

Avoir ou ne pas avoir d'auto: *That is the question.* En fait, c'est beaucoup plus simple que certains pourraient le prétendre, car, la plupart du temps, ne pas avoir d'auto est purement une question de moyens financiers. Pour l'homme, la psychologie moderne l'a démontré, avoir une auto est, en quelque sorte, le prolongement de sa virilité, et un jeune homme, dès qu'il en aura la possibilité, mettra tout son avoir sur l'objet de ses rêves.

Instrument de libération par excellence qui le distancie de sa famille et des interdits, qui crée une nouvelle sphère d'intimité et agrandit son territoire de façon presque illimitée, la voiture est aussi, souvent, la chambre improvisée où se déroulent les premiers ébats érotiques. Elle est la consécration du statut d'homme. Et les hommes parleront et se souviendront de leur première voiture comme d'une tendre maîtresse, sans en oublier jamais le moindre détail.

Pour la femme, quant à elle, avoir une auto est plutôt le prolongement de sa garde-robe, de son paraître. Elle s'attache à la couleur, à la forme, au nom évocateur, mais sera absolument ignorante de la mécanique, ne voulant pas s'encombrer le cerveau de détails techniques, ni se salir les mains par des manipulations disgracieuses qui, de plus, risqueraient de tacher ses jolis vêtements. De toutes façons, il y a toujours un bon Samaritain pour la dépanner jusqu'au prochain garage.

Si l'auto est encore un des signes extérieurs de la réussite, le fait de ne pas en avoir une jette une ombre sur le pauvre infortuné, le pauvre va-nu-pieds parfois condamné à faire du pouce. Qu'on soit homme ou femme, ne pas avoir d'auto est, dans notre monde moderne, presque une calamité. C'est pourquoi, il faut de temps à autre s'en excuser.

* * *

723. *"Je n'ai pas envie d'avoir une voiture."* *(À d'autres qu'à moi...)*

724. *"Je ne sais pas conduire."* *(Ça s'apprend!)*

725. *"J'ai peur de conduire avec tous ces fous sur la route."* *(Pourquoi ne pas vous joindre à eux, ne dit-on pas que plus on est de fous plus on rit?)*

726. *"Je suis contre l'usage de l'auto, c'est trop polluant."* *(Quand l'écologie vient au secours des fauchés...)*

727. *"Comme je suis très sociable, je préfère les transports en commun."* *(C'est vrai, dans le métro on peut rencontrer des gens très bien: des assistés sociaux, des chômeurs, des gagne-petit, etc.; on peut profiter du frotti-frotta et des bonnes odeurs collectives!)*

728. *"Je préfère faire de l'auto-stop."* *(Pour ceux et celles qui ont l'esprit aventureux et n'ont pas peur de se retrouver plus loin de leur destination qu'au moment de leur départ.)*

729. *"La marche à pieds, ça c'est de santé."* *(Un mille à pieds, ça use les souliers...)*

730. *"Avec mon vélo, pas de problème."* *(Bonne excuse pour ceux qui hivernent.)*

Achevé   Imprimerie
d'imprimer Gagné Ltée
au Canada   Louiseville

Ouvrages parus chez

**le jour,
éditeur**

COLLECTION BEST-SELLERS

* **Comment aimer vivre seul,** Lynn Shahan
* **Comment faire l'amour à une femme,** Michael Morgenstern
* **Comment faire l'amour à un homme,** Alexandra Penney
* **Grand livre des horoscopes chinois, Le,** Theodora Lau
Maîtriser la douleur, Meg Bogin
Personne n'est parfait, Dr H. Weisinger, N.M. Lobsenz

COLLECTION ACTUALISATION

* **Agressivité créatrice, L',** Dr G.R. Bach, Dr H. Goldberg
* **Aider les jeunes à choisir,** Dr S.B. Simon, S. Wendkos Olds
Au centre de soi, Dr Eugene T. Gendlin
Clefs de la confiance, Les, Dr Jack Gibb
* **Enseignants efficaces,** Dr Thomas Gordon
États d'esprit, Dr William Glasser
* **Être homme,** Dr Herb Goldberg
* **Jouer le tout pour le tout,** Carl Frederick
* **Mangez ce qui vous chante,** Dr L. Pearson, Dr L. Dangott, K. Saekel
* **Parents efficaces,** Dr Thomas Gordon
* **Partenaires,** Dr G.R. Bach, R.M. Deutsch
Secrets de la communication, Les, R. Bandler, J. Grinder

COLLECTION VIVRE

* **Auto-hypnose, L',** Leslie M. LeCron
Chemin infaillible du succès, Le, W. Clement Stone
* **Comment dominer et influencer les autres,** H.W. Gabriel
Contrôle de soi par la relaxation, Le, Claude Marcotte
Découvrez l'inconscient par la parapsychologie, Milan Ryzl
Espaces intérieurs, Les, Dr Howard Eisenberg
Être efficace, Marc Hanot
Fabriquer sa chance, Bernard Gittelson
Harmonie, une poursuite du succès, L', Raymond Vincent
* **Miracle de votre esprit, Le,** Dr Joseph Murphy
* **Négocier, entre vaincre et convaincre,** Dr Tessa Albert Warschaw

COLLECTION VIVRE SON CORPS

COLLECTION IDÉELLES

HORS-COLLECTION

Autres ouvrages parus aux Éditions du Jour

ALIMENTATION ET SANTÉ

ART CULINAIRE

DOCUMENTS ET BIOGRAPHIES

ENFANCE ET MATERNITÉ

Enfants du divorce se racontent, Les, Bonnie Robson

Famille moderne et son avenir, La, Lynn Richards

ENTREPRISE ET CORPORATISME

Administration et la prise, L', P. Filiatrault, Y.G. Perreault

Administration, développement, M. Laflamme, A. Roy

Assemblées délibérantes, Claude Béland

Assoiffés du crédit, Les, Fédération des A.C.E.F. du Québec

Coopératives d'habitation, Les, Murielle Leduc

Mouvement coopératif québécois, Gaston Deschênes

Stratégie et organisation, J.G. Desforges, C. Vianney

Vers un monde coopératif, Georges Davidovic

GUIDES PRATIQUES

550 métiers et professions, Françoise Charneux Helmy

Astrologie et vous, L', André-Pierre Boucher

Backgammon, Denis Lesage

Bridge, notions de base, Denis Lesage

Choisir sa carrière, Françoise Charneux Helmy

Croyances et pratiques populaires, Pierre Desruisseaux

Décoration, La, D. Carrier, N. Houle

Des mots et des phrases, T. I, Gérard Dagenais

Des mots et des phrases, T. II, Gérard Dagenais

Diagrammes de courtepointes, Lucille Faucher

Dis papa, c'est encore loin?, Francis Corpatnauy

Douze cents nouveaux trucs, Jeanne Grisé-Allard

Encore des trucs, Jeanne Grisé-Allard

Graphologie, La, Anne-Marie Cobbaert

Greffe des cheveux vivants, La, Dr Guy, Dr B. Blanchard

Guide de l'aventure, N. et D. Bertolino

Guide du chat et de son maître, Dr L. Laliberté-Robert, Dr J.P. Robert

Guide du chien et de son maître, Dr L. Laliberté-Robert, Dr J.P. Robert

Macramé-patrons, Paulette Hervieux

Mille trucs, madame, Jeanne Grisé-Allard

Monsieur Bricole, André Daveluy
Petite encyclopédie du bricoleur, André Daveluy
Parapsychologie, La, Dr Milan Ryzl
Poissons de nos eaux, Les, Claude Melançon
Psychologie de l'adolescent, La, Françoise Cholette-Pérusse
Psychologie du suicide chez l'adolescent, La, Brenda Rapkin
Qui êtes-vous? L'astrologie répond, Tiphaine

Régulation naturelle des naissances, La, Art Rosenblum
Sexualité expliquée aux enfants, La, Françoise Cholette-Pérusse
Techniques du macramé, Paulette Hervieux
Toujours des trucs, Jeanne Grisé-Allard
Toutes les races de chats, Dr Louise Laliberté-Robert
Vivre en amour, Isabelle Lapierre-Delisle

LITTÉRATURE

À la mort de mes vingt ans, P.O. Gagnon
Ah! mes aïeux, Jacques Hébert
Bois brûlé, Jean-Louis Roux
C't'a ton tour, Laura Cadieux, Michel Tremblay
Coeur de la baleine bleue, (poche), Jacques Poulin
Coffret Petit Jour, Abbé J. Martucci, P. Baillargeon, J. Poulin, M. Tremblay
Colin-maillard, Louis Hémon
Contes pour buveurs attardés, Michel Tremblay
Contes érotiques indiens, Herbert T. Schwartz
De Z à A, Serge Losique
Deux millième étage, Roch Carrier
Le dragon d'eau, R.F. Holland
Éternellement vôtre, Claude Péloquin
Femme qu'il aimait, La, Martin Ralph
Filles de joie et filles du roi, Gustave Lanctôt
Floralie, où es-tu?, Roch Carrier
Fou, Le, Pierre Châtillon
Il est par là le soleil, Roch Carrier

J'ai le goût de vivre, Isabelle Delisle
J'avais oublié que l'amour fût si beau, Yvette Doré-Joyal
Jean-Paul ou les hasards de la vie, Marcel Bellier
Jérémie et Barabas, F. Gertel
Johnny Bungalow, Paul Villeneuve
Jolis deuils, Roch Carrier
Lapokalipso, Raoul Duguay
Lettre à un Français qui veut émigrer au Québec, Carl Dubuc
Lettres d'amour, Maurice Champagne
Une lune de trop, Alphonse Gagnon
Ma chienne de vie, Jean-Guy Labrosse
Manifeste de l'infonie, Raoul Duguay
Marche du bonheur, La, Gilbert Normand
Meilleurs d'entre nous, Les, Henri Lamoureux
Mémoires d'un Esquimau, Maurice Métayer
Mon cheval pour un royaume, Jacques Poulin
N'Tsuk, Yves Thériault
Neige et le feu, La, (poche), Pierre Baillargeon

Obscénité et liberté, Jacques Hébert
Oslovik fait la bombe, Oslovik
Parlez-moi d'humour, Normand Hudon
Scandale est nécessaire, Le, Pierre Baillargeon

Trois jours en prison, Jacques Hébert
Voyage à Terre-Neuve, Comte de Gébineau

SPORTS

Baseball-Montréal, Bertrand B. Leblanc
Chasse au Québec, La, Serge Deyglun
Exercices physiques pour tous, Guy Bohémier
Grande forme, Brigitte Baer
Guide des sentiers de raquette, Guy Côté
Guide des rivières du Québec, F.W.C.C.
Hébertisme au Québec, L', Daniel A. Bellemare
Lecture de cartes et orientation en forêt, Serge Godin
Nutrition de l'athlète, La, Jean-Marc Brunet
Offensive rouge, L', G. Bonhomme, J. Caron, C. Pelchat

Pêche sportive au Québec, La, Serge Deyglun
Raquette, La, Gérard Lortie
Ski de randonnée — Cantons de l'Est, Guy Côté
Ski de randonnée — Lanaudière, Guy Côté
Ski de randonnée — Laurentides, Guy Côté
Ski de randonnée — Montréal, Guy Côté
Ski nordique de randonnée et ski de fond, Michael Brady
Technique canadienne de ski, Lorne Oakie O'Connor
Truite, la pêche à la mouche, Jeannot Ruel
La voile, un jeu d'enfant, Mario Brunet

Imprimé au Canada/Printed in Canada